Verwacht wonderen

Van dezelfde auteur
Eindeloos geluk
Leven vol overgave

Bezoek www.levboeken.nl voor informatie over al onze boeken.
Volg @Levboeken op Twitter en bezoek onze Facebook-pagina:
www.facebook.com/Levboeken.

Gabrielle Bernstein

Verwacht wonderen

Veertig dagen van subtiele verschuivingen voor een radicale verandering en oneindig geluk

Lev.

Oorspronkelijke titel
May Cause Miracles

Vertaling
Bonella van Beusekom
Omslagontwerp
B'IJ Barbara
Foto voorzijde omslag
Dan Hallman
Foto achterzijde omslag
Sam Bassett

ISBN 978 94 005 0403 5
NUR 728

Derde druk, augustus 2021

Dit boek is gedrukt op papier dat het keurmerk van de Forest Stewardship Council (FSC®) mag dragen. Bij dit papier is het zeker dat de productie niet tot bosvernietiging heeft geleid. Een flink deel van de grondstof is afkomstig uit bossen en plantages die worden beheerd volgens de regels van FSC. Van het andere deel van de grondstof is vastgesteld dat hiervoor geen houtkap in de laatste resten waardevol bos heeft plaatsgevonden. Daarom mag dit papier het FSC Mixed Sources label dragen. Voor dit boek is het FSC-gecertificeerde Munkenprint gebruikt. Dit papier is 100% chloor- en zwavelvrij gebleekt en wordt geleverd door Arctic Paper Munkedals AB, Zweden.

Voor mijn verloofde Zach,
met respect voor je wonderbaarlijke reis.

Inhoud

Inleiding

De hemel op aarde is een keuze die je moet maken, geen plek die je moet ontdekken.

– Wayne Dyer

De winter van 2009 was een keerpunt in mijn carrière. Ik was bezig met zoeken naar een uitgever voor mijn eerste boek *Eindeloos geluk* terwijl we in de greep van de recessie waren. Het was een en al angst en onzekerheid: het journaal deed verslag van de telkens maar hoger wordende werkloosheidscijfers en bijna elke bedrijfstak werd erdoor getroffen.

Ik herinner me dat ik in de keuken van mijn moeder zat en mijn stiefvader over het concept voor mijn boek vertelde. Hij deed zijn best me zo veel mogelijk te steunen, maar hij was duidelijk heel bang voor de recessie. Hij antwoordde: 'Dat is een geweldig concept, Gab, maar vergeet niet dat de economische toestand heel slecht is. Het zal lastig zijn om een boek te verkopen.' Ik blaakte van zelfvertrouwen en mijn reactie kwam bijna automatisch; de woorden rolden zo uit mijn mond. 'Dank je voor je eerlijkheid,' zei ik, 'maar zo denk ik er niet over omdat ik in wonderen geloof.' Die woorden gaven me kracht en vertrouwen, ook al werkte de buitenwereld niet mee. Op dat moment was ik getuige van mijn vastberadenheid om de angst los te laten, waardoor ik opnieuw in wonderen geloofde.

Drie maanden later verkocht ik het boek.

Ik heb er de afgelopen zeven jaar hard aan gewerkt om mijn geest vrij te houden van angst en te blijven vertrouwen in wonderen. Sindsdien draag ik de liefde uit en inspireer ik mensen over de hele wereld door mijn lezingen, door mijn boeken en via de sociale media. Ik leid nu een leven vol wonderen en het is mijn missie anderen te helpen ook zo'n leven te krijgen. Doordat ik nu helemaal op wonderen vertrouw voel ik me zo gelukkig. Maar ik zal eerlijk zijn: in het begin was het lastig om voor liefdevolle gedachten te kiezen in plaats van angstige waanideeën. Het lijkt zo gemakkelijk, want wie wil angst nou niet inruilen voor liefde? Stoppen met bang zijn is net als stoppen met suiker: het zijn allebei verraderlijke ingrediënten die bijna overal in zitten. En net als je denkt dat je je verlangen onder controle hebt, steekt het de kop weer op. Daarom is het loslaten van angstpatronen niet iets wat je zomaar even doet. Je hebt er overgave en toewijding voor nodig. En je moet er een wonderdoener voor worden.

Een van de belangrijkste onderdelen van mijn optimistische levensfilosofie is mijn toewijding aan *Een cursus in wonderen*, en die cursus leert: 'Een ongetrainde geest kan niets bereiken.' *Een cursus in wonderen* is een metafysische gids voor zelfstudie, die wordt uitgegeven door de Foundation For Inner Peace (in Nederland door AnkhHermes). Het boek verscheen bijna veertig jaar geleden en heeft het leven van duizenden mensen veranderd. Je kunt de cursus aanpassen aan je eigen wensen en doen vanuit wat voor jou het beste werkt. Voor mij persoonlijk leverde het bestuderen van de cursus een volledige reiniging van mijn geest en een superfijn leven op.

Ik ben er door de cursus achter gekomen dat je om echt geluk te vinden bereid moet zijn je angsten recht in de ogen te kijken. Ik werd ertoe aangezet om al mijn angsten en de oorzaak ervan te onderzoeken. Door bijvoorbeeld te kijken naar mijn angstpatroon met betrekking tot eten, zoals eetbuien en altijd aan eten denken, begreep ik dat dwangmatig te veel eten een reactie was op de angst die ik als kind had opgepikt als we aan tafel zaten. Mijn moeder worstelde op een gegeven moment namelijk met boulimia. Eten was voor haar een manier om haar innerlijke verwarring te verdoven. Dat had ook invloed op mij; ik pikte haar angstige energie op als we aan tafel zaten. Die schijnbaar ondergeschikte ervaring riep veel angst met betrekking tot eten bij me op. De angstige gedachte 'er is nooit genoeg' werd een kernovertuiging die me elke maaltijd opnieuw kwelde. Ik at te veel en werkte alles snel naar binnen. Ik proefde mijn eten nooit. Ik genoot er niet van. Ik heb jaren zo geleefd tot ik bereid was naar de angst te kijken die schuilging onder mijn gedrag. Toen begreep ik dat die gebaseerd was op de onjuiste overtuiging dat er nooit genoeg was. Jarenlang was ik bang geweest dat ik niet genoeg te eten had. Ik had ervoor gekozen om die beperkende overtuiging mee te nemen in mijn huidige leven en bleef die telkens maar weer herhalen. Want zo gaat dat met kernovertuigingen. Ze houden je voor de gek en vormen een rookgordijn waardoor je in je leven de verkeerde kant uit gaat. Maar door mijn bereidheid, mijn toewijding aan wonderen en mijn oneindige geduld werd ik naar alle hulpbronnen toe geleid die ik nodig had om daarvan te genezen. En na verloop van tijd nam mijn eetverslaving af.

Toen ik me realiseerde dat veel eten me nooit het gevoel zou geven dat ik veilig en compleet was, zag ik ook in dat niets buiten me mij ooit zou kunnen vullen. Ik leerde dat echt geluk niet het gevolg is van *krijgen* maar van *geven*. Ik accepteerde dat echte rust en geluk het gevolg zijn van verbinding met de liefde. Diep vanbinnen willen we allemaal liefde: we willen van anderen houden en we willen dat anderen van ons houden. Als we onze plicht vervullen, door echt van onszelf te houden en die liefde met anderen te delen, dan worden we echt gelukkig.

Toen ik *Een cursus in wonderen* in mijn dagelijks leven integreerde, zuiverde ik mijn door angst ingegeven gedachtepatronen. Alles begon te veranderen. De belangrijkste verandering was echter niet wát ik ervoer maar hóé ik het ervoer. Door de suggesties uit de cursus te volgen heb ik het verleden vergeven, de toekomst losgelaten en treed ik het heden vol liefde en vertrouwen tegemoet. En dat heeft mijn leven op een heel bijzondere manier veranderd.

Nu wil ik jou laten zien hoe jij dat ook kunt bereiken.

Hoe je een wonderdoener wordt

De eerste stap in kiezen voor liefde in plaats van angst is dat je je angst begrijpt. Door *Een cursus in wonderen* leerde ik naar mijn op angst gebaseerde gedachten kijken. Als ik voelde dat ik bang werd, haalde ik diep adem, stapte ik uit mijn gedachten en daden en keek ik naar mijn gedrag. Door getuige te zijn van mijn angsten zag ik dat het waanvoorstellingen waren. Ik zal een voorbeeld geven. Aan het begin van mijn carrière runde ik een pr-bedrijfje. Iedere nieuwe cliënt betekende een nieuwe kans om te onderhandelen over mijn maandelijkse honorarium. Ik had daar een hekel aan. Het maakte me zenuwachtig en gespannen en ik werd er heel onrustig van. Toen ik mijn angsten met betrekking tot onderhandelen over meer geld erkende, realiseerde ik me dat ik als jonge vrouw de angst had opgelopen dat vrouwen niet om meer moesten vragen. Dat was een projectie vanuit de buitenwereld waarin ik was gaan geloven. Ik weet zelfs niet eens meer waar of wanneer ik dat idee heb opgepikt, maar het was blijven hangen. Die op angst gebaseerde illusie uit het verleden speelde ik zo vaak af dat ik erin ging geloven. Door eerlijk uit te komen voor mijn angst zag ik hoe die schaarstementaliteit een op angst gebaseerd patroon in mijn geest was geworden. In dit boek zal ik telkens weer hameren op de boodschap dat kijken naar je angstpatronen de eerste stap is om je ervan los te maken en ik zal je steunen en raad geven terwijl je getuige bent van je angsten op alle terreinen van je leven.

Daarna komt je bereidheid. Je kunt een patroon alleen veranderen als je het ook wilt veranderen. *Een cursus in wonderen* zegt dat zelfs een piepklein beetje bereidheid al voldoende is om te worden aangezet tot verandering. Als je je openstelt om je angst los te laten, open je je hart, geest en je energie om naar een nieuw perspectief geleid te worden. Als je ertoe bereid bent, word je je bewuster van nieuwe mogelijkheden en ontsteek je je *~ing* (je innerlijke gids). Je *~ing* is de stem van de liefde, je inspiratie en je intuïtie. Je *~ing* leidt je weg van de angst, terug naar de liefde. Het enige wat je nodig hebt is een klein beetje bereidheid om je *~ing* aan te zetten en leiding te ontvangen om te veranderen.

Die leiding krijg je in allerlei vormen: intuïtie, inspiratie en soms zelfs door middel van synchroniciteiten. Intuïtie is een sterk innerlijk weten dat je op de een of andere manier leidt. Inspiratie is een gevoel van flow en opwinding dat ontstaat als je gedachten en daden verbonden zijn met liefde. En ten slotte zul je momenten van synchroniciteit ervaren, en die zijn echt te gek; je denkt bijvoorbeeld aan je moeder en dan belt ze je op, of je hoort telkens weer over een nieuw boek en de volgende dag valt het van de plank in de boekwinkel. Hoe meer oefeningen uit dit boek je hebt gedaan, hoe duidelijker je de aanwezigheid van je innerlijke gids zult merken terwijl je in een spontane flow van intuïtie, inspiratie en synchroniciteiten bent gekomen.

En dan zijn er nog drie andere componenten die de sleutel zijn tot een leven vol wonderen: dankbaarheid, vergeving en liefde. Op de eerste plaats komt dankbaarheid. Dankbaarheid is de enige houding voor een wonderdoener. Door vanuit dankbaarheid te leven creëer je meer overvloed, acceptatie en waardering. Om je angsten weer om te zetten in liefde moet je een dankbare manier van zijn omarmen.

Daarna komt vergeving. Vergeving is voor een wonderdoener wat sla is voor een rauwkostfanaat. Vergeving kan je bevrijden van je oude, verslavende angsten en laat haar licht schijnen over de duisternis van je zorgen, twijfels en argwaan. In plaats van de slachtofferrol te blijven spelen kun je vergeven en bevrijd worden. Met elke keuze om te vergeven, verschuif je je perceptie van angst naar liefde.

En ten slotte is er de liefde: het meest cruciale ingrediënt. *Een cursus in wonderen* leert dat het enige wat in elke situatie ontbreekt liefde is, en dat waar angst is geen liefde is. Leef dus met een open hart en omarm de liefde als je ware doel, dat is essentieel voor een leven vol wonderen.

Wonderen ervaren

Als je je aan de grondbeginselen van de cursus houdt, word je daarvoor beloond: hoe vaker je voor dankbaarheid, vergeving en liefde kiest, hoe meer wonderen je zult ervaren. Misschien vraag je je af wat ik met een 'wonder' bedoel. Heel simpel: een wonder is een verschuiving in perspectief van angst naar liefde. Een wonder kan het moment zijn dat je ervoor kiest om je ex te vergeven en jaren van rancune los te laten of het moment waarop je erkent dat het geen ramp was dat je je baan kwijtraakte maar juist een kans om je ware roeping te volgen. Simpel gesteld: elk moment dat je voor liefde kiest in plaats van angst is een wonder. En hoe meer wonderen je 'scoort', hoe kleiner de kans dat je het leven door een donkere bril ziet. Als je ervoor kiest om liefde te zien in plaats van angst, begint het leven te stromen. Dan voel je je vredig en zie je liefde in elke situatie. Je frustraties nemen af en je hebt het gevoel dat je leven wordt gedragen.

Doordat ik me ervoor inzet om zo te leven is elk terrein van mijn leven veranderd. Ik heb allerlei verslavingen losgelaten: aan de liefde, aan drugs, aan werken, aan eten, noem maar op. Ik heb geleerd om te kiezen voor vergeving als rancune mijn geest binnensluipt. Mijn angst voor financiële onzekerheid is weg en mijn innerlijke overvloed, mijn enthousiasme om een leven te leiden dat gestuurd wordt door liefde, wordt weerspiegeld door uiterlijke overvloed. Ik zie belemmeringen nu als kansen en ik weet dat de kosmos me steunt. En het belangrijkste: ik weet zeker dat een macht die groter is dan ikzelf elke stap van me steunt. Mijn *~ing* staat aan!

Door je angsten los te laten verhef je je gedachten en dus ook je energetische toestand. Je lichaam is opgebouwd uit moleculen die altijd gonzen van de energie. Die energie is positief als je gedachten positief zijn en negatief als je gedachten negatief zijn. Je energieveld is als een magneet; het trekt hetzelfde aan. Dus wat gebeurt er als je energie negatief is? Drie keer raden! Dan trek je negatieve energie aan in je leven. Als je bijvoorbeeld naar een sollicitatiegesprek gaat en denkt dat je niet goed genoeg bent voor die baan, straal je energetisch onzekerheid en ontoereikendheid uit. Die energie is voor een werkgever niet aantrekkelijk, dus je krijgt die baan niet. In dit voorbeeld gaven je gedachten informatie aan je energie en je energie beïnvloedde je werkelijkheid op een negatieve manier. In de benadering van dit boek, die uitgaat van vertrouwen in wonderen, laat ik je zien hoe je je gedachten en energie kunt veranderen en positieve dingen in je leven kunt aantrekken. Stel dat je naar de sollicitatie was gegaan met de gedachte dat je goed genoeg was, dan had je energie diezelfde kracht uitgestraald. Dan had je een positieve indruk gemaakt en die baan meteen gekregen of je had er een contact aan overgehouden waar je in de toekomst plezier van zou kunnen hebben. Hoe dan ook: je positieve energie zal een positief resultaat opleveren. Voor het loslaten van je angst heb je eerlijkheid en moed nodig, maar het is heel eenvoudig. En als je het wilt dan kun je het.

Wil jij deze fantastische resultaten ook? Ga dan mee op mijn reis naar een nieuwe manier van kijken.

Zet je er veertig dagen voor in om wonderdoener te worden

Het is net als met alles in het leven: echte verandering vindt pas plaats als je er dagelijks aan werkt. Probeer je er veertig dagen voor in te zetten en ervaar de positieve resultaten meteen. Waarom veertig dagen? Metafysici en yogi's benadrukken dat je iets, wil het beklijven, veertig dagen moet herhalen. Er zijn allerlei legenden waarin het getal veertig een rol speelt, en die lopen uiteen van het verblijf van Mozes van veertig dagen en veertig nachten op de berg Sinaï tot het verhaal van Boeddha, die verlichting bereikte tijdens volle maan in december nadat hij veertig dagen had gemediteerd en gevast onder een bodhiboom. Ook de wetenschap heeft de betekenis van het getal aangetoond: onderzoek wijst uit dat je door een nieuw patroon veertig dagen te herhalen de neurale paden in je hersenen kunt veranderen waardoor je een langdurige verandering teweegbrengt. Laten we dus afgaan op de aanwijzingen van mystici en wetenschappers en die veertig dagen durende schoonmaak van angst op ons nemen. (Omdat we dit zes weken lang gaan doen heb je zelfs tweeënveertig dagen om de angstschoonmaak te doen, twee extra dagen dus om te oefenen in wonderen!) Het zijn de simpele, consequente verschuivingen die ertoe doen als je verandering tot stand brengt, dus heb ik een reis voor je in elkaar gezet die leuk en haalbaar is. Ik zal je begeleiden, zodat het allemaal behapbaar blijft en je op koers blijft. Zo word je elke dag stap voor stap steeds meer een wonderdoener.

Door dit plan de komende zes weken te volgen ga je je gedachten herprogrammeren van angst naar liefde. Ben je blij met de resultaten, ga er dan mee door en geef je over aan een leven als wonderdoener!

Dit boek is verdeeld in zes hoofdstukken: een hoofdstuk per week. Ze bevatten oefeningen voor elke dag van de week om je gedachten terug te brengen naar liefde. Elke week concentreert zich op een ander terrein van je leven:

- **Week één**. Deze week help ik je om vast te stellen hoe de angst je onderuit heeft gehaald en de flow van je leven blokkeert. Ik leg je de fundamentele begrippen uit en begeleid je in het aanvaarden van de voornaamste uitgangspunten: getuige zijn van je angst, bereidheid om te veranderen, een verandering van perceptie, dankbaarheid, vergeving, wonderen verwachten, reflectie en een korte samenvatting.
- **Week twee**. Deze week gaat helemaal over hoe belangrijk het is dat je van jezelf houdt. Ik help je om een betere relatie met jezelf te krijgen en om oude patronen om jezelf aan te vallen, los te laten. Van jezelf houden is heel belangrijk als je een wonderdoener wilt zijn.
- **Week drie**. Ik geef je praktische oefeningen waardoor je op een minder zelfdestructieve manier omgaat met eten

en met je lichaam. Ik help je om de oorzaak van je problemen met eten en je lichaam vast te stellen en we laten licht schijnen over duisternis op dit terrein van je leven. Dan merk je al snel dat liefdevolle gedachten veel invloed hebben op hoe je eet en hoe je naar je lichaam kijkt.

- **Week vier**. Er hangt liefde in de lucht! Ik help je om eerlijk te kijken naar hoe de angst je heeft belemmerd als het om geluk in de liefde gaat. Deze week maken we gebruik van veel fantastische lessen uit *Een cursus in wonderen* om angst in de romantische liefde los te laten. Die lessen zorgen direct voor innerlijke veranderingen met betrekking tot de romantische liefde, of je nu alleen bent of een relatie hebt.
- **Week vijf**. Ik help je om je te focussen op de manier waarop angst je financiële overvloed heeft geblokkeerd. De oefeningen van deze week zorgen ervoor dat je dankbaar bent voor het werk dat je nu hebt. Je gaat je financiële angsten aanpakken en je krijgt hulp om je kernovertuigingen over geld en werk te veranderen. De oefeningen zijn van toepassing op elk soort werk, of je nu freelancer bent, thuis bent voor de kinderen, filantroop, bankier, verkoper, et cetera. Pas gewoon de grondbeginselen toe op het werk dat jij doet.
- **Week zes**. Je leert aanvaarden dat je een wonderdoener bent. Deze week helpt je je focus te verschuiven van jezelf naar je vermogen om de energie in de wereld om je heen te veranderen. Dienen is een basisprincipe in *Een cursus in wonderen* en daar ligt deze week vooral de nadruk op. Je gaat beseffen dat je jezelf heel veel liefde geeft door de wereld te dienen. Als je je gedachten en energie op een liefdevolle manier op anderen focust gaat je hart open en begint je ware doel te stralen.

Elke week borduurt voort op de volgende, legt een nieuwe laag met oefeningen en versterkt je mentale spieren terwijl je wonderen omarmt. Elke dag is op dezelfde manier ingedeeld zodat je geest zich kan instellen op herhaling en routine. Door de oefeningen te herhalen worden ze namelijk steeds gemakkelijker, tot ze uiteindelijk een tweede natuur voor je zijn geworden. Hoewel je onderweg misschien wat hobbels moet nemen, hoeft het niet moeilijk te zijn om de verschuiving aan te brengen als je het wilt. Als je echt wilt veranderen krijg je alle energie en steun die je nodig hebt om verder te komen. Ga serieus aan de slag met de oefeningen en verwacht wonderen!

Hoe het werkt

Dit boek is bedoeld als gids om subtiele verschuivingen in jouw leven teweeg te brengen die uiteindelijk leiden tot een wonderbaarlijke verandering. Raak dus niet gefrustreerd over het proces. Als je de eenvoudige, dagelijkse stappen volgt, krijg je alles wat je nodig hebt. Hou jezelf in, ga niet te snel en doe niet meer dan één oefening per dag. Elke les staat precies op de plek waar hij moet staan. Doe je best om je aan het programma te houden, maar als je het gevoel hebt dat je wat langer bij een bepaalde dag moet stilstaan dan is dat helemaal prima. Wil je dieper in bepaalde oefeningen duiken, herhaal dan die dagen. Maar blijf erop vertrouwen dat er een plan is dat je op het lijf is geschreven. Elke oefening zal subtiele verschuivingen teweegbrengen. Die verschuivingen zijn wonderen. En hoe meer wonderen je bij elkaar optelt, hoe wonderbaarlijker je leven zal zijn.

Voor je begint je liefdesspieren te trainen is het belangrijk dat je je huiswerk doet. Dus hier volgen een paar dingen die je moet weten en waar je je op moet voorbereiden voordat je op reis gaat.

Bereid je erop voor dat je gaat mediteren

Een superfijn onderdeel van dit boek is dat veel oefeningen betrekking hebben op zelfreflectie en heel rustgevend zijn. Ik begeleid je elke dag om ervoor te zorgen dat je gaat mediteren en dat je meditatie zich verdiept. Elke oefening bevat een uitgeschreven geleide meditatie. Al die meditaties bij elkaar zijn ook als audiobestand verkrijgbaar op mijn website www.gabbyb.tv/meditate (in het Engels).

Je meditatieplek

Om je zelfreflectie tot een intensere ervaring te maken, stel ik voor dat je een speciale plek in je huis inricht om te mediteren. Misschien heb je een hoekje in je slaapkamer of in je kantoor, maar je kunt het ook gewoon op de rand van je bed doen. Probeer een plek te vinden waar je alleen kunt zijn en waar je je rustig voelt. Op mijn meditatieplek thuis staat een meditatiestoel (zoals je kunt zien op mijn website www.gabbyb.tv/meditate), kaarsen, wierook, geeltjes met positieve boodschappen en inspirerende plaatjes en citaten. Maar het belangrijkste is dat het een plek is waar ik me geconcentreerd en rustig voel. Je gaat je meditatieplek gebruiken voor je ochtend- en avondoefeningen. Die plek wordt heilig voor je. Waarschijnlijk wordt het je favoriete plek.

Je dagboek

Naast een plek om te mediteren heb je een dagboek nodig. Misschien vind je het prettig om het overdag mee te nemen om je verschuivingen bij te houden, zorg er dus voor dat het klein genoeg is om in je tas te passen.

Zorg goed voor jezelf

Tijdens je transformatie val je misschien ten prooi aan overweldigende emoties. Dat is een goed teken, geloof me. Maar als je niet goed voor jezelf zorgt kunnen die emotionele doorbraken ertoe leiden dat je instort. Plan dus elke dag activiteiten in om voor jezelf te zorgen. Ik vind het zelf bijvoorbeeld prettig om een kaars aan te steken en in bad te gaan. Daardoor zorg ik voor mezelf en steun ik mezelf bij allerlei verschuivingen. Wat er ook gebeurt, mijn dagelijkse bad is essentieel. Kies dus ook één of twee dingen waarmee je jezelf verzorgt en neem die op in je programma. Misschien ga je gezonder eten, meer water drinken of meer slapen. Bedenk dat dit een cursus is die een transformatie teweegbrengt waardoor je helemaal openbarst. Bereid je erop voor om jezelf in balans te houden door bewust voor jezelf te zorgen. Eet goed, slaap goed, denk goed.

Wees je bewust

Wees je er tijdens je reis van bewust dat angst geraffineerd is. Net als je denkt dat je er bent, sluipt de angst weer binnen. Je hoeft er niet bang voor te zijn, maar het is belangrijk dat je het weet. Door je te realiseren dat je gedrag op angst is gebaseerd, hou je de angst onder controle. En omdat je zo goed voor jezelf zorgt, krijgt je angst minder ruimte om de kop op te steken. De liefde neemt in je geest zoveel ruimte in dat de angst alleen nog maar naar buiten kan. Vertrouw daarop en bedenk dat liefde altijd feller schijnt dan angst.

Aan de slag

Nu ik de basis heb gelegd voor jouw training is het tijd dat je gaat bepalen wat je schema wordt. Ik raad je aan op een zondag met de oefeningen te beginnen. Elke nieuwe week begin je met het doorlezen van de inleidende tekst voor die week. Aanstaande zondag lees je dus de inleiding voor Week een en op maandag begin je met Dag een. Natuurlijk hoef je het niet zo te doen, maar ik raad je aan mijn suggestie eens uit te proberen en te kijken of het in jouw programma past. Het is niet de bedoeling dat je dit allemaal heel star en punctueel gaat uitvoeren. Ik wil je juist begeleiden bij het opzetten van een spirituele beoefening die jou diepgaand zal veranderen.

Ga er serieus mee aan de slag. Vertrouw erop dat als je je gedachten verandert, je daden en ervaringen ook zullen veranderen. *Een cursus in wonderen* verwoordt dat als volgt: 'Misschien denk je dat je verantwoordelijk bent voor wat je doet, maar niet voor wat je denkt. Maar je bent juist wél verantwoordelijk voor wat je denkt, omdat je alleen op dat niveau keuzes kunt maken. Wat je doet komt voort uit wat je denkt.' Elke dag dat je oefent, word je ernaartoe geleid om 'de keuze te maken' om je manier van denken te veranderen. Door al die verschuivingen in je manier van denken zul je in je hele leven wonderbaarlijke veranderingen waarnemen.

Het is nu tijd om je te ontspannen. Laat je leiden en verwacht wonderen!

Week een
Op wonderen gaan vertrouwen

Mijn gedachten zijn beelden die ik heb gemaakt.
- Een cursus in wonderen

Angst: voelt echt, maar is een illusie.

Ja, dat klopt: als je je op angst concentreert wordt angst je werkelijkheid. Allemaal hebben we op onze eigen manier angst opgepikt, en we spelen die angstige verhalen telkens weer als filmpjes af in onze geest. Elke angstige overtuiging waaraan we vasthouden, is een keuze die we maken. We kiezen ervoor om te geloven in de angst op het journaal, de angst in ons huis en de angst in onze geest. Angst is een epidemie. In ons leven zuigen we angsten op uit de wereld om ons heen en gaan we geloven dat die angsten onze realiteit zijn. We doen het allemaal: iedereen heeft er in een of meerdere hoekjes van zijn leven voor gekozen om zich te laten leiden door zijn angst. Misschien ben je bang dat je niet genoeg geld hebt of ben je bang om alleen te zijn... of ben je gewoon bang voor alles. Dat gold namelijk wel voor mij.

Meer dan twintig jaar heb ik in angst geleefd. Ik was bang dat ik niet slim, niet knap of niet cool genoeg was en dat ik niet genoeg had. Ik was zelfs bang dat ik te geweldig was. Mijn leven werd beheerst door angst. Ik deed dan ook mijn uiterste best om die te verdoven met eten, verliefd zijn, liefde, werken, drugs, roddelen, tv-kijken; ik deed alles om te voorkomen dat ik iets met mijn angst moest doen. Ik speelde mijn op angst gebaseerde gedachten af als een plaat die bleef hangen. Ik maakte me constant zorgen en zat vol innerlijke onrust.

Op mijn vijfentwintigste zat ik helemaal aan de grond. De angst had me volkomen uitgeput. Ik was emotioneel, lichamelijk en spiritueel helemaal op en bovendien was ik aan de drugs. Er zat niets anders op dan een betere manier van leven vinden. Ik moest me wel overgeven aan een trouwe stem binnen in me die mijn naam al jaren riep. Op de avond van 2 oktober 2005 zei ik een gebed op dat ik bereid was om anders naar de dingen te kijken. Ik bad dat de liefde mijn angstige geest zou binnenkomen. En dat gebeurde. De volgende ochtend meldde zich een gebiedende innerlijke stem van liefde, die me stimuleerde mijn perspectief op het leven te veranderen. Mijn innerlijke stem zei: 'Word clean. Dan wordt je leven zoals je het je in je stoutste dromen niet had kunnen voorstellen.' Mijn bereidheid om die boodschap te volgen hielp me om mijn intuïtie te horen en me opnieuw te verbinden met de liefde. Ik heb er sindsdien altijd naar geluisterd.

Die beslissing is de sleutel geweest tot een leven van vertrouwen op wonderen. Ik wilde dat op 2 oktober 2005 en opnieuw op 3 oktober, 4 oktober, 5 oktober en ga zo maar door. Ik wil het nog steeds. Mijn diepe verlangen om in plaats van angst liefde te zien, heeft me hier gebracht. Zoals mijn innerlijke gids beloofde, leid ik nu een leven zoals ik me dat in mijn stoutste dromen niet had kunnen voorstellen. Ik ken niemand die gelukkiger is en dat heb ik te danken aan een simpele keuze: ik kies voor de liefde.

In elke situatie, hoe verschrikkelijk die ook is, hebben we een keuze: de keuze om liefde te zien in plaats van angst. Ik weet dat dat een bizarre uitspraak is voor iemand die in haar donkerste periode aan drugs verslaafd was en ten prooi viel aan diepe innerlijke onrust. Veel mensen over de hele wereld hebben wel wat ergere angsten gekend dan ik, maar één ding hebben we gemeen: we hebben allemaal de keuze om in plaats daarvan liefde te zien. We kunnen ervoor kiezen ons te focussen op de angst die we voor ons zien of ons hart te openen en ons over te geven aan een macht die groter is dan onszelf om ons vertrouwen in de liefde te herstellen.

In dit boek bedoel ik met die 'grotere macht' een altijd aanwezige liefdesenergie die ons omringt, steunt en leidt om vrede te leren kennen. Welke naam je er ook aan geeft. God, *~ing* (innerlijke gids), geest of bezieling: in dit boek zal ik er vaak naar verwijzen met de term 'liefde'.

Verwar deze liefde niet met de romantische liefde, maar beschouw haar als een innerlijke kracht die meer kracht kan aantrekken. Alsof je een magnetische kracht in je hebt. Als je de belemmeringen uit de weg ruimt die je kracht blokkeren, word je een magneet voor wonderen. De oefeningen in dit hele boek zullen je helpen de angst los te laten die je in de weg staat om je te verbinden met die liefhebbende kracht. Of om het in de woorden van *Een cursus in wonderen* te zeggen: 'Jouw taak is niet om de liefde te zoeken, maar om alle barrières in jezelf te zoeken en te vinden die je ertegen hebt opgeworpen.' Nou, dat klopt, je hoeft niet achter die fantastische liefde aan te jagen: je hebt de kracht van de liefde al in je. Maar in het leven gebeuren helaas dingen die als stenen in een muur zijn. Elke op angst gebaseerde ervaring is een nieuwe steen in de muur die je afschermt van je innerlijke kracht. Ik zie het als mijn taak om jou de instrumenten te geven om die stenen er weer uit te halen en om alles los te laten wat je scheidt van je liefdevolle, krachtige waarheid.

De 'barrières in jezelf' die je hebben afgeschermd van je liefdevolle perspectief, zijn gestoeld op de op angst gebaseerde projecties van wat *Een cursus in wonderen* 'het ego' noemt. Het ego is synoniem met angst en brengt oordeel, aanval, jaloezie en alle negatieve dingen voort, die je scheiden van je liefdevolle waarheid. Het ego is het tegendeel van de liefde die je in je hebt. Iedereen kiest er op basis van zijn ervaringen op zijn eigen manier voor om vast te houden aan zijn eigen egowaarnemingen. Het ego van de een projecteert angst voor financiële onzekerheid, terwijl het ego van de ander slechte gezondheid projecteert. Het verhaal dat je ego je heeft verteld lijkt voor jouzelf misschien uniek, maar weet dat je niet alleen bent. Iedereen op deze wereld (afgezien van een paar verlichte meesters) loopt dagelijks tegen zijn of haar ego op. Een van de primaire instrumenten om het ego los te laten is om je heel bewust te worden van zijn gedrag. Een belangrijk onderwerp in dit hele boek is getuige zijn van je ego in actie. Door de duistere illusies van je ego onder een vergrootglas te leggen, verzwak je de kracht ervan.

Het ego begrijpen

Een cursus in wonderen leert dat als we kiezen voor de onjuiste waarnemingen van ons ego, we afgescheiden raken van

God (oftewel de liefde). Er was niet meer voor nodig dan een dwaas ideetje om ons te laten kiezen voor angst in plaats van liefde voor de wereld. Zo pikte ikzelf het dwaze ideetje op dat 'er nooit genoeg is', als we met ons gezin aan tafel zaten. Op de een of andere manier pikken we tijdens onze jeugd allemaal op angst gebaseerde overtuigingen op. Vanaf dat punt blijven we kiezen voor een omweg naar angst en voor het misleidende perspectief van het ego boven onze liefdevolle waarheid. Wanneer we voor angst kiezen in plaats van liefde splitst onze geest zich af in wat de cursus 'het onjuiste denken' noemt. Onze weldenkende kant gedijt op vrede en eenheid, terwijl onze onweldenkende kant wordt gevoed door de angsten van de wereld. In de loop van de tijd leidt het herhalen van de angst van ons ego ertoe dat we geloven dat die onweldenkende kant het enige is wat er is.

Zonder angst kan het ego niet overleven. Daarom wil het ons met zijn slimme trucs per se in de angst gevangen houden. Hieronder staan een paar voorbeelden van hoe het ego ons remt, ons klein houdt en onze innerlijke staat van liefde blokkeert.

Zonde, schuld en angst

Als we de kant van het ego kiezen en denken dat we zijn afgescheiden van de liefde hebben we onbewust het gevoel dat we zondigen. Dat geloof in zonde bezorgt ons een schuldgevoel. We voelen ons onbewust schuldig omdat we denken dat we onze verbondenheid met de liefde om zeep hebben geholpen. Vervolgens worden we onvermijdelijk bang. We zijn bang omdat we denken dat we straf verdienen, omdat we de liefde de rug hebben toegekeerd. Om ons in die worsteling met zonde/schuld/angst te houden overtuigt het ego ons ervan dat we onze angst moeten ontkennen. We ontkennen onze angst in allerlei soorten situaties: een drugsverslaafde is niet bereid toe te geven dat hij of zij verslaafd is, een vrouw excuseert haar man die haar mishandelt of, subtieler, iemand heeft een hekel aan zijn of haar baan maar is te bang om die op te zeggen. Het ego heeft slimme trucs om ons gevangen te houden in op angst gebaseerde ervaringen die duidelijk niet goed voor ons zijn. Als we niet bereid zijn onze angst recht in de ogen te kijken, accepteren we die als onze realiteit. Om onze angst verder te ontkennen projecteren we die op anderen in de hoop dat de schuld als bij toverslag zal verdwijnen door die buiten ons te leggen. Anderen verwijten maken is een duidelijk teken dat we niet bereid zijn naar onze eigen diepgewortelde angsten te kijken. Het is een sluwe truc van het ego die ons geloof in aanval, oordeel en negativiteit alleen maar versterkt.

Ik weet dat dit waarschijnlijk heel geschift klinkt. Ik verwacht niet anders. Je ego doet flink zijn best om je zonde, schuldgevoel en angst te ontkennen. Je bewust worden van de spiraal van zonde/schuld/angst is de eerste stap om die te veranderen.

Afgescheidenheid

Vanuit spiritueel perspectief is iedereen energetisch met elkaar verbonden. De cursus stelt dat privégedachten niet bestaan. Dat betekent dat we op een bepaald niveau allemaal energetisch verbonden zijn door onze gedeelde bedoelingen. De cursus benadrukt die onderlinge verbondenheid. We zijn allemaal zwart, blank, man, vrouw, arm, rijk, enzovoorts. Door onze verbondenheid te accepteren kunnen we de op het ego gebaseerde fantasieën die we op de wereld projecteren loslaten. Jammer genoeg hebben de meesten van ons niet geleerd om te geloven in verbondenheid. We geloven in de onjuiste waarnemingen van ons ego; we geloven dat we van alle andere mensen gescheiden zijn. We zien ons lichaam als bijzonderder of minder bijzonder dan dat van anderen. Elke gedachte die we hebben, versterkt onze afgescheidenheid en ons speciaal zijn, en dan bedoel ik gedachten als: ik heb meer geld dan hij. Of: ik zal er nooit goed genoeg uitzien om de partner te krijgen die ik graag wil. Of: ik ben niet goed genoeg om bevriend te zijn met jou. En zo gaat het ego maar door. Elke op angst gebaseerde gedachte verdiept de illusie van afgescheidenheid.

Oordeel en aanval

Het ego is een enorme muggenzifter. Omdat onze keuze om angst te zien ons zo'n akelig gevoel bezorgt, projecteren we dat nare gevoel op anderen om onszelf te 'beschermen' om er niets aan te hoeven doen. Zo had ik bijvoorbeeld jarenlang het gevoel dat ik incompleet was zonder partner. Elke keer dat ik een gelukkig stel zag, viel ik hun liefde in mijn geest aan door hun relatie te beoordelen. Dan dacht ik dingen als: dat is geen blijvertje. Of: hoe kan hij haar nou leuk vinden? In plaats van ervoor te kiezen om hun liefde te zien als een spiegel voor de liefde in mijzelf, koos ik ervoor om de afgescheidenheid groter te maken door oordeel en aanval. Dat is een gemene truc van het ego om de illusie van afgescheidenheid springlevend te houden.

Ik ga je elke week helpen om steeds helderder in beeld te krijgen hoe je ego zijn akelige trucs inzet om jou gevangen te houden in angst. Door je op het ego te concentreren zul je zien dat dat losstaat van je liefdevolle waarheid die op wonderen vertrouwt. Hoe vaker je getuige bent van het ego in actie, hoe minder macht het over je heeft.

De weg uit je ego

Je gaat niet alleen rechtstreeks naar je ego kijken, ik help je ook om de angsten van je ego over te dragen aan een macht die groter is dan jij: aan je innerlijke gids (oftewel ~*ing*). Die innerlijke gids is de stem van de liefde, een innerlijke leraar die wacht tot jij hem roept. De cursus zegt daarover: 'Liefde doet onmiddellijk haar intrede in elke geest die er oprecht naar verlangt.' Als we onze angst overdragen aan deze innerlijke stem van de liefde, krijgen we effectieve, creatieve manieren aangereikt om naar ons leven te kijken. Als je bijvoorbeeld je financiële angsten overdraagt aan de zorg van je innerlijke gids, krijg je hulp bij het vinden van nieuwe en unieke manieren om geld te verdienen en focus je niet langer op wat je mist. En als je je rookverslaving overdraagt aan de zorg van je innerlijke gids word je intuïtief naar boeken, mensen en hulpbronnen toe geleid die je zullen helpen van je verslaving af te komen. Door je angsten over te dragen aan je *~ing*, krijg je altijd een wonderbaarlijke oplossing aangereikt.

Elke oefening in dit boek helpt je subtiele verschuivingen tot stand te brengen voor je uiteindelijke wonderbaarlijke verandering. Die verschuivingen vinden plaats als je ervoor kiest om je angst ter genezing over te dragen aan je innerlijke gids. *Een cursus in wonderen* leert dat bidden het middel is om wonderen tot stand te brengen. Als je je angsten loslaat door gebed, meditatie, positieve bevestigingen en de dagelijkse oefeningen die dit boek je aanreikt, krijg je de hulp om die angsten te transformeren tot liefde. We streven er in dit boek naar om het overdragen van je angst tot een gewoonte te maken. Doordat je bereid bent te kiezen voor dankbaarheid, vergeving en een nieuw perspectief ga je je hele leven door een andere bril zien. Hoe vaker je een beroep doet op de liefde, hoe meer liefde je ziet.

Ik besef dat het idee van werken met je innerlijke kracht waarschijnlijk niet vertrouwd voor je is. De oefeningen van deze week komen daarom goed van pas. Ze trainen je geestelijke en emotionele liefdesspieren en maken die supersterk. Maar zoals ik hiervoor al heb gezegd vereist dat tijd en toewijding. Het is net als met trainen op de sportschool: de eerste paar dagen heb je flink spierpijn, maar als je sterker en fitter wordt, wordt het steeds gewoner (en voel je je fantastisch).

Bedenk: het belangrijkste grondbeginsel om toegang te krijgen tot de kracht van de liefde is geloven in de kracht van de liefde. Een van mijn spirituele mentoren, Wayne Dyer, gaf een paar jaar geleden een mooie draai aan een oud gezegde. In plaats van 'Eerst zien, dan geloven', zei hij: 'Ik zie het als ik het geloof.' Het doel van dit boek is om je te helpen echt in wonderen te gaan geloven, zodat wonderen je werkelijkheid worden.

Tijdens elke dagelijkse oefening van deze week keren bepaalde basisuitgangspunten steeds terug en dat blijft de hele periode van tweeënveertig dagen zo.

- **Dag één** begin je met oefenen in getuige zijn. Ik zal je helpen naar je angsten te kijken zodat je gaat begrijpen waarom je de keuze hebt gemaakt je daarop te focussen.
- Op **dag twee** help ik je je over te geven aan je bereidheid om te veranderen. Dat klinkt misschien als iets wat heel moeilijk is, maar je moet erop vertrouwen dat je al halverwege bent. Door dit boek op te pakken heb je tegenover jezelf al heel duidelijk gezegd dat je bereid bent om liefde te zien in plaats van angst.
- Op **dag drie** begin je met kiezen voor een liefdevol perspectief en zeg je nee tegen de angst.
- **Dag vier** concentreert zich op dankbaarheid, waardoor je de liefde wakker maakt die je al in je hebt, wat je extra energie geeft voor de krachtsport op dag vijf.
- Het werk op **dag vijf** is gewijd aan vergeving. Schrik niet: ik verwacht echt niet van je dat je iedereen meteen gaat vergeven. Deze week laat ik je gewoon kennismaken met de mogelijkheid van vergeving om je bereidheid aan te wakkeren om daarmee aan de slag te gaan.
- Op **dag zes** help ik je je bewust te worden van je vertrouwen in wonderen en in de liefde. Ik geef je oefeningen waardoor je buiten je comfortzone komt en een andere wereld ziet dan de wereld waarin je altijd hebt geloofd.
- Op **dag zeven** sluit ik de oefeningen van deze week af met zelfreflectie en voorbereiding. De laatste dag van elke week overdenk je de zes dagen ervoor. En 's avonds bereid je je voor op de week die komen gaat door de inleiding op het volgende hoofdstuk te lezen.

Heb je dat allemaal begrepen? Simpel, toch? Nu je weet wat het plan is, verklap ik je wat de belofte van deze week is. Als je je vertrouwen in wonderen en in de liefde wekt, maak je kennis met een nieuwe waarheid:

1 Door in wonderen te geloven maak je elk terrein van je leven leuker.
2 Je gaat je angst begrijpen, waardoor je bereid bent die los te laten.
3 Elke oefening biedt een subtiele verschuiving in de manier waarop je naar het leven kijkt. Hoe meer subtiele verschuivingen je bereikt, hoe meer rust je zult voelen.
4 Oordeel, aanval en boosheid zullen afnemen.
5 Innerlijk zul je een nieuwe rust ervaren, en wonderen gebeuren spontaan.

Verbazingwekkend, hè? Veel om naar uit te kijken! Concentreer je op elke oefening, wees geduldig en blijf de hele tijd diep ademhalen.

Zo, we gaan aan de slag en breken door je angst heen.

Dag een

Getuige zijn van je angst

Welkom in je nieuwe leven! Vandaag begint een reis van nieuwe percepties, een avontuur dat de manier waarop je alles ervaart zal veranderen. Je doel vandaag is getuige zijn van je gedachten, daden en energie. Tot nu toe wordt je leven waarschijnlijk bepaald door angst en ben je je daar misschien niet eens van bewust. Je hebt er bijvoorbeeld van afgezien om om loonsverhoging te vragen, omdat je bang bent voor afwijzing. Of je durft je passie niet te volgen, omdat je denkt dat je dan je financiële zekerheid moet opgeven.

Als je je niet bewust bent van je angst, nestelt die zich in elk terrein van je leven.

Wat je vandaag gaat doen, is je bewuster worden en je geest openen voor je angstpatronen. Want als je je gedrag echt wilt veranderen, dan moet je er getuige van zijn. Je moet je angst recht in de ogen kijken om in te zien dat je er zelf voor hebt gekozen om zijn leugens te geloven. Vandaag is het begin van een reis waarop je anders gaat kiezen.

Iedereen heeft zijn eigen angsten die uniek voor hem of haar zijn. Allemaal hebben we in het verleden angst opgepikt die we in het heden weer tot leven brengen en vervolgens op de toekomst projecteren. Elke dag nemen we het besluit om te vergeten dat we gelukkig zijn en kiezen we ervoor om angst op onze 'werkelijkheid' te projecteren. De oefening van vandaag helpt je om opmerkzaam te zijn op de manier waarop je je hebt overgeleverd aan je angsten. *Een cursus in wonderen* stelt dat projectie een kwestie van waarneming is en daarom zijn alle op angst gebaseerde overtuigingen die je hebt geprojecteerd op je inwendige projectiescherm de film van je leven geworden. Het is tijd om je ervan bewust te worden wat je hebt geprojecteerd, zodat je ermee kunt beginnen om het scenario te herschrijven.

- Ochtendoverpeinzing **dag een**

Begin je dag met het lezen van de volgende ochtendoverpeinzing. Blijf aansluitend een minuut in stilte zitten. Doe je ogen dicht en adem diep in door je neus en uit door je mond. Door die minuut van stilte komt de boodschap echt binnen en doortrekt die je hele wezen. Onthoud dat het werk dat we samen doen subtiel is. Misschien denk je dat een minuutje stilte niet veel zal uithalen, maar vertrouw erop dat elke seconde dat je kiest voor een nieuw perspectief een wonder is.

Vandaag ben ik getuige van mijn angst. Ik open mijn hart en geest om te zien dat ik voor angst in plaats van liefde heb gekozen. Ik kijk vandaag naar mezelf alsof ik aan de overkant van de straat naar de wereld kijk die ikzelf heb gecreëerd. Ik ben er getuige van dat die door angsten wordt bepaald. Ik besteed aandacht aan mijn patronen. Zonder oordeel word ik me bewust van de momenten waarop mijn geest een verkeerde keuze heeft gemaakt en de op angst gebaseerde gedachten mijn geluk hebben verpest. Ik weet dat deze oefening de eerste stap is om mijn destructieve patronen bloot te leggen en een indrukwekkende verandering tot stand te brengen. Ik ben klaar, bereid en in staat om naar de misleidende gedachten te kijken die ik heb geprojecteerd. Ik ben bereid om getuige te zijn van mijn angst.

Affirmatie dag een

IK BEN BEREID OM GETUIGE TE ZIJN VAN MIJN ANGST.

Als je vandaag merkt dat je angsten de kop opsteken, herhaal dan deze positieve bevestiging. Stel je wordt zenuwachtig op je werk, je wordt nerveus voor een afspraak of voelt je niet op je gemak omdat je een nieuw iemand gaat ontmoeten, dan kun je gewoon je affirmatie gebruiken: ***ik ben bereid om getuige te zijn van mijn angst***. Deze oefening is belangrijk omdat je daardoor gaat begrijpen wat je triggers zijn. Dat bewustzijn helpt je bij de oefeningen die nog gaan komen.
Neem deze boodschap gedurende de dag met je mee door die in te typen in je mobieltje en laat je er elk uur aan herinneren. Als de wekker gaat lees je je positieve bevestiging om jezelf er vriendelijk aan te herinneren dat je je angst moedig moet aankijken en zeg je: 'Ik ben bereid om getuige te zijn van mijn angst.'

Wondermoment
Zet je wekker ook op 12.00 uur (of voor je lunchpauze) met als naam 'wonderpauze'. Want het wordt een wondermoment. Geloof me: je energie voor de hele dag kan daardoor veranderen! Als je wekkertje gaat, herinner jezelf er dan vriendelijk aan dat je voor liefde kiest in plaats van angst door je affirmatie op te zeggen.

- Avondoefening **dag een**

Als je weer thuis bent van je werk neem dan tien minuten om na te denken over wat er vandaag bij jou naar boven is gekomen. Pak je dagboek en overdenk je dag. Schrijf je antwoorden op de volgende vragen op:

1 Welke ervaringen triggeren mijn angst?
2 Welke gedachten triggeren mijn angst?
3 Welke gevoelens heb ik als ik bang ben?
4 Hoe beïnvloedt mijn angst mijn gedrag?

De komende zes weken blijf je je dagboek gebruiken om verslag te doen van je ontwikkeling. Aan elke notitie in je dagboek kun je je vooruitgang aflezen. Ga hier serieus mee aan de slag, want later komen we hierop terug. Vind je het vreemd of eng om je gevoelens op te schrijven? Maak je geen zorgen! Zet gewoon je pen op het papier en doe je best om de vragen te beantwoorden en je gedachten te laten stromen. In de loop van de tijd zul je merken dat het steeds gemakkelijker gaat en dat het veel effect heeft om je antwoorden op te schrijven.

Stel nu een lijstje op van de angsten die je hebt blootgelegd. Als het je duidelijk is hoe een angst exact in elkaar zit, schrijf die dan uit. Maar wees erop bedacht dat je de angst misschien niet meteen exact weet te lokaliseren. Is dat het geval, dan is het wellicht gemakkelijker om je bewust te worden van manieren waarop je jezelf 'klein maakt', dat wil zeggen: verbergt of bepaalde situaties vermijdt. Wie weet ben je deze week weer eens niet gaan sporten. Zou het kunnen dat je zenuwachtig bent voor de manier waarop mensen naar je kijken? Of misschien heb je je mond niet opengedaan tijdens de vergadering op kantoor. Zou het kunnen dat je diep vanbinnen bang bent dat je ideeën worden afgewezen? Door je gedrag onder de loep te nemen kun je eerlijk gaan kijken naar de angsten die je misschien hebt ontkend.

Heb je een paar angsten gedetermineerd, neem er dan even de tijd voor om te bepalen welke daarvan het sterkst zijn. Stel je eigen top drie samen en geef vervolgens de kracht van elke angst aan op een schaal van één tot tien. Schrijf je angsten boven aan een nieuwe bladzij in je dagboek en herhaal hardop je affirmatie: 'Ik ben bereid getuige te zijn van mijn angst, ik ben trots op mezelf dat ik dit doe.'

Bereid je voor het slapengaan voor op nog een oefening. Ik ga je elke avond helpen om aan zelfreflectie te doen. Je opent daardoor je onbewuste, zodat je praktische denken een stapje terug kan doen. Laat je actielijstjes even voor wat ze zijn en maak ruimte voor inspiratie. Vanavond leid ik je in een meditatie die je zal helpen vanuit een liefdevol perspectief na te denken over deze dag. De oefening van vandaag heeft misschien dingen opgeroepen die pijnlijk zijn. Geweldig! Bedenk dat je angsten onder ogen zien een belangrijk onderdeel van deze oefening is, want als we geen getuige zijn van onze angst kunnen we er niet van worden bevrijd. In deze meditatie leid ik je om je energie los te maken van de angsten die vandaag aanwezig waren.

De oefening die nu volgt is je eerste meditatie. Volg de uitgeschreven meditatie hieronder of ga naar www.gabbyb.tv/meditate voor de audiomeditatie.

Ga op je meditatieplek rechtop op de vloer of in een stoel zitten. Laat je schouders zachtjes in een natuurlijke houding zakken. Land in je lichaam om de energetische leiding te krijgen die doorkomt in je meditatie.

Sluit je ogen en leg je handen op je knieën met de palmen omhoog. Adem diep in door je neus en uit door je mond. Blijf zo ademen terwijl je je op je meditatie richt.

- Neem de tijd om na te denken over de angsten van vandaag.
- Laat jezelf aanwezig zijn.
- Kom aan in je lichaam.
- Adem diep in door je neus en uit door je mond.
- Blijf zo ademen.
- Adem door de gevoelens heen die vandaag bij je opkwamen.
- Respecteer elk gevoel van ongemak, onrust of angst.
- Wees aanwezig bij je gevoelens.
- Adem door je gevoelens heen.
- Adem uit en laat los.

- Respecteer elk gevoel dat je nu nog hebt en accepteer het. Het mag er zijn.
- Haal nog een laatste keer diep adem en laat los.
- Als je klaar bent, doe je ogen dan weer open en kijk de kamer in.

Dag twee

Het echt willen

De oefening van vandaag is cruciaal om je geest af te stemmen op wonderen. Zelfs een piepklein beetje bereidheid om je leven vanuit liefde te bekijken is al een katalysator voor enorme veranderingen. Als je echt wilt veranderen, geef je je over aan een grotere waarneming, een liefdevolle waarneming. Die volledige overgave blaast de communicatie met je *~ing* (innerlijke gids) nieuw leven in. Naarmate je je meer overgeeft aan de liefdevolle stem van je *~ing* zal die steeds vaker aanwezig zijn. Vandaag ga je loslaten en je overgeven aan het diepe verlangen in jezelf. Als je loslaat breekt je overgave je verbinding met je innerlijke gids open. En de liefdevolle stem die tevoorschijn komt zal je de weg wijzen naar nieuwe percepties en je continu begeleiden tijdens je wonderbaarlijke transformatie.

- Ochtendoverpeinzing **dag twee**

Als aftrap van dag twee volgt hier de volgende ochtendoverpeinzing. Blijf nadat je het stukje hieronder hebt gelezen een minuut in stilte zitten. Doe je ogen dicht en adem diep in door je neus en uit door je mond. Laat de woorden tot je doordringen en subtiele verschuivingen teweegbrengen.

> *Ik ben vandaag bereid om anders tegen de dingen aan te kijken. Ik ben bereid om mijn manier van denken te veranderen. Ik weet dat een simpele verschuiving van waarneming een wonderbaarlijke verandering teweeg zal brengen.*

Ik weet dat ik verandering nodig heb. Ik geef me over, ik wil het echt, ik ben er klaar voor om liefde te zien, ~ing: laat me maar zien wat je voor me in petto hebt. Wijs me de weg...

Affirmatie dag twee

IK BEN BEREID HIER ANDERS TEGENAAN TE KIJKEN.

IK BEN BEREID LIEFDE TE ZIEN.

Laat deze positieve bevestiging je elk moment dat je je gevangen voelt uit je angst leiden. Gebruik die om je hart te openen en je over te geven aan de liefde.

Het is tijd om je middagwekker te zetten voor je wondermoment. Het wondermoment van vandaag herinnert je eraan om bereid te zijn. Als je wekkertje gaat, zeg dan je affirmatie op: ***ik ben bereid hier anders tegenaan te kijken. Ik ben bereid liefde te zien.***

- Avondoefening **dag twee**

Ik ben bereid in plaats hiervan liefde te zien...

De avondoefening van vanavond is een krachtig instrument. Ik weet alleen zeker dat je je er eerst tegen zult verzetten. Want wat ik van je vraag is best een beetje verwarrend. Laat je echter wakker schudden, dit is precies wat je nodig hebt!

Laten we beginnen.

Neem even de tijd om na te denken over je dag en maak een lijstje met alle angsten die vandaag bij je boven zijn gekomen. Schrijf naast elke angst deze affirmatie uit *Een cursus in wonderen*: 'Ik ben bereid in plaats hiervan liefde te zien.' Als je angst bijvoorbeeld was: 'Ik ben bang om mijn mening te geven tijdens een vergadering omdat ik bang ben dat mijn ideeën worden afgewezen,' schrijf dan op: *ik ben bereid in plaats hiervan liefde te zien.*

Stel een lijstje op van je angsten en bevestig vervolgens dat je *bereid bent in plaats daarvan liefde te zien.*

De oefening van vandaag met bereidheid lijkt onbeduidend, maar is heel effectief. Voor je gaat slapen gaan we nog dieper met je bereidheid: we activeren je overgave. Laat me je leiden. Ga voor de audiomeditatie naar www.gabbyb.tv/meditate.

- Ga in een makkelijke houding zitten op je meditatieplek.
- Zit rechtop en adem diep in door je neus en uit door je mond.
- Blijf tijdens het mediteren zo ademen.
- Gebruik deze simpele mantra als je gids.
- Adem in: *ik kies ervoor mijn angst los te laten.*
- Adem uit: *ik geef me over.*
- Adem in: *ik kies ervoor mijn angst los te laten.*
- Adem uit: *ik geef me over.*
- Adem in: *ik kies ervoor mijn angst los te laten.*
- Adem uit: *ik geef me over.*
- Blijf op deze mantra in- en uitademen tot je klaar bent om je ogen open te doen.

Dag drie

Een nieuw perspectief kiezen

De afgelopen twee dagen ben je getuige geweest van je angst en heb je de bereidheid getoond die los te laten. De derde stap is ervoor kiezen om in plaats daarvan liefde te zien, dus daar gaan we vandaag mee aan de slag. We draaien je angst om, een fantastisch instrument dat we in dit boek telkens weer zullen gebruiken. Maar voorlopig houden we het simpel (en toch heel effectief). Ik zal je helpen je beperkende overtuigingen achter je te laten door voor een positiever perspectief te kiezen. Blijf je overgeven aan mijn leiding en vertrouw op de liefde. Bedenk dat je het niet langer alleen hoeft uit te zoeken... ik steun je! Laten we er dus samen aan gaan werken om je angst te transformeren.

- Ochtendoverpeinzing **dag drie**

We beginnen opnieuw een dag van oefenen met het lezen van de ochtendoverpeinzing. Blijf daarna een minuut in stilte zitten. Doe je ogen dicht en adem diep in door je neus en uit door je mond. Laat de woorden tot je doordringen en open je hart en geest voor nieuwe percepties en nieuwe ideeën.

Er is altijd een liefdevol perspectief. Vandaag verwelkom ik nieuwe waarnemingen. Ik ben bereid mijn oude kernovertuigingen los te laten en de liefde binnen te laten. Ik kies ervoor om te geloven dat er altijd een liefdevol perspectief is. Ik kies ervoor om liefde te zien.

Affirmatie dag drie

DIT KOMT NIET VOORT UIT LIEFDE.

Deze boodschap uit ***Een cursus in wonderen*** herinnert je eraan dat angst een illusie is en dat alleen de liefde echt bestaat. Betrap je jezelf op angstige illusies, grijp dan terug op deze positieve bevestiging en bedenk je op dat moment dat je angst nergens op slaat. Op dag twee heb ik je geholpen de bereidheid in jezelf te vinden om liefde te zien in plaats van angst en vandaag bevestig je dat het niet de liefde was die je angst heeft gecreëerd. Deze oefeningen borduren voort op elkaar en versterken je toewijding aan de liefde. Gebruik deze affirmatie vandaag telkens als je merkt dat de angst binnensluipt. Je hoeft het proces niet verstandelijk te beredeneren. Reageer gewoon op je angst met deze liefdevolle affirmatie en laat je *~ing* zijn werk doen.
Denk eraan dat je voor je de deur uit gaat je wekker zet voor je wondermoment om twaalf uur met de affirmatie van vandaag: ***dit komt niet voort uit liefde.***

Maak vandaag ook even tijd vrij om te inventariseren hoe je affirmatie je ervaringen beïnvloedt. Schrijf een moment op waarop je vanochtend je positieve bevestiging hebt gebruikt en beantwoord daarna de volgende vragen:

1 Wat was mijn angst?
2 Hoe voelde het om mijn affirmatie te gebruiken?
3 Hoe veranderde mijn energie (al was het maar even)?

- Avondoefening **dag drie**

Ik twitterde ooit de affirmatie: 'Ik kies ervoor om in plaats hiervan liefde te zien.' En een van mijn volgers op Twitter antwoordde: 'Makkelijker gezegd dan gedaan...' Mijn eerste reactie was: jemig, die meid moet zich echt nog leren openstellen voor wonderen! Toch begreep ik hoe ze zich voelde. Ik was vroeger net zo en jammer genoeg is ze niet de enige. Onze op angst gebaseerde geest denkt echt dat verandering lastig en zelfreflectie moeilijk is. Maar laten we reëel blijven: verteerd worden door angst is immers veel moeilijker dan liefde tonen, we zijn er gewoon ingeluisd dat we denken dat angst 'makkelijker' is omdat het vertrouwder is. Als mensen tijdens mijn lezingen klagen dat veranderen zoveel tijd en energie vraagt, luidt mijn antwoord: 'Maar kost het dan niet ook veel tijd en energie om je rot te voelen?'

Hou dat voor ogen, schrijf een brief aan je *~ing* en geef je nog meer over aan de liefde. Pak pen en papier en schrijf het volgende:

Beste innerlijke gids,
Ik ga me ervoor inzetten om mijn angsten in liefde te veranderen. Ik open mijn hart en geest voor de liefde en laat me leiden door mijn intuïtie. Ik verwelkom alle spirituele opdrachten die komen en ik ben klaar, bereid en in staat mijn angsten uit te doven met het licht van de liefde. Ik kies ervoor om liefde te zien in plaats van angst.

Onderteken de brief en leg hem op je bureau, steek hem achter je badkamerspiegel of hang hem op je prikbord: kies een plek waar je hem vaak kunt zien. Een heilige plek, alleen voor jou.

Dag vier

Een dankbare grondhouding

De vierde dag van elke week is echt fantastisch omdat die zich concentreert op dankbaarheid. Als we dankbaar zijn voor wat we hebben, verhogen we onze energetische trilling. Die energie trekt meer soortgelijke ervaringen aan waardoor we een domino-effect van liefde creëren. Dankbaarheid is een integraal onderdeel van een geesteshouding die op wonderen vertrouwt en heeft diepgaande invloed op je energie.

Tijdens deze oefening help ik je je bewuster te worden van dankbaarheid. Het paniekerige stemmetje van je ego zal zich daar uit alle macht tegen verzetten. Het ego is dol op problemen zoeken en concentreert zich op wat je niet hebt. Als je inziet dat je ego zich verzet, helpt dat terwijl je je dankbaarheidsspieren traint en je waardering de vrije loop laat. Vertrouw erop dat je gevoel van dankbaarheid sterker is dan je angst.

- Ochtendoverpeinzing **dag vier**

We beginnen het oefenen van vandaag met een indringende ochtendoverpeinzing. Neem even de tijd om het stukje hieronder te lezen en blijf daarna een minuut in stilte zitten. Laat het gevoel van dankbaarheid over je heen komen. Door je op dat gevoel te concentreren, ook al is het maar even, breng je je liefdevolle energieveld opnieuw tot leven. Die energie heb je nodig om de flow van je transformatie te ondersteunen. Stel je dus open voor het geweldige gevoel dat dankbaarheid je te bieden heeft.

Ik begin mijn dag vol dankbaarheid. Ik ben dankbaar voor weer een nieuwe dag. Ik ben dankbaar dat ik de lucht kan inademen. Ik ben dankbaar voor de bomen, het gras en de lucht. Ik stel me ervoor open om me vandaag op dankbaarheid te concentreren. Ik laat alle kleinheid, alle beperkende overtuigingen los. In plaats daarvan kies ik voor dankbaarheid.

Affirmatie dag vier

DANKBAARHEID IS VANDAAG MIJN GRONDHOUDING.

Zorg ervoor dat je jezelf er dagelijks aan herinnert om je op het goede te concentreren. Dankbaarheid ontketent de liefde die je in je hebt en wekt je vertrouwen in wonderen. Door je op dankbaarheid te concentreren verbind je je weer met de liefde. Lees vandaag telkens weer je positieve bevestiging om je er vriendelijk aan te herinneren je angsten los te laten en je in plaats daarvan op dankbaarheid te concentreren.

Het is weer tijd om je wekker te zetten voor het wondermoment om 12.00 uur. Zeg je affirmatie hardop op wanneer de wekker gaat.

- Avondoefening **dag vier**

Begin met het opstellen van een lijstje met tien dingen om dankbaar voor te zijn. Haal je notitieboekje weer tevoorschijn. Neem er de tijd voor. Het kunnen grote of kleine dingen zijn, dat maakt niet uit: als je er vandaag maar dankbaar voor bent.

Nu gaan we nog dieper. Vanavond is een kans om ook dankbaarheid te zien op lastige terreinen van je leven. Zo moeilijk is het niet om dankbaar te zijn voor goede dingen, maar het is heel andere koek om dankbaar te zijn voor de lastige terreinen van het leven.

Lees je notities van dag een nog maar eens door, toen je

moest vaststellen wat je angsten waren. Stel nu een top vijf op van je angsten en schrijf naast elke angst wat je ervan hebt geleerd en waarom je dankbaar bent voor die opdracht. Neem er de tijd voor en probeer je angsten in een nieuw licht te zien. Zou het kunnen dat die lastige situaties in je leven je kansen bieden om te groeien? Het antwoord is JA! Deze oefening helpt je om je erop te concentreren dat je angst je helpt te groeien in plaats van vast te blijven zitten. Zo kan bijvoorbeeld het feit dat je je angst in relaties opmerkt een oproep aan je zijn om het diepe gevoel van eenzaamheid aan te pakken dat je als tiener of na een akelige scheiding ervoer. Of door problemen met je familie is alle negativiteit in je naar de oppervlakte gekomen zodat je die nu kunt aanpakken. Zie je angsten niet als probleem maar wees dankbaar voor de liefdevolle opdracht gericht op spirituele groei. Alle problemen bieden ons een kans om ons geloof in de liefde te versterken. In sommige moeilijke situaties is het misschien lastig om die kans te zien, maar stel je er in elk geval voor open, wees bereid te zien dat je ervan kunt groeien.

Dag vijf

Het woord met de 'v' – leren vergeven

Vergeving is de basis voor een leven vol liefde en wonderen. Door vergeving te beoefenen kunnen we ons oude, op angst gebaseerde verleden loslaten en ons concentreren op dit moment. Door vergeving kunnen we wrok loslaten die we misschien al tientallen jaren of nog maar heel kort koesteren. De vijfde dag van elke week concentreren we ons op vergeving.

Want als we onverzoenlijk blijven, blokkeren we de stem van de liefde. *Een cursus in wonderen* zegt: 'De niet-vergevingsgezinde geest is vol angst en biedt de liefde geen ruimte om zichzelf te zijn, geen plaats waar zij in vrede haar vleugels kan uitslaan om zich boven het rumoer van de wereld te verheffen. De niet-vergevingsgezinde geest is bedroefd, zonder hoop op tijdelijke verlichting en bevrijding van pijn. Hij lijdt en voelt zich ellendig, tuurt rond in duisternis, zonder iets te zien, maar is er toch van overtuigd dat er gevaar op de loer ligt.'

Om door het lijden, de duisternis en de ellende heen te breken die gecreëerd worden door onverzoenlijkheid, moeten we serieus met deze stap aan de slag. De oefening van vandaag is cruciaal. We beginnen ermee onszelf te vergeven. Dat klopt: we beginnen met JOU!

▪ Ochtendoverpeinzing **dag vijf**

We beginnen deze dag met het loslaten van zelfhaat en aanvallen op jezelf door vergeving te beoefenen. Het eerste wat we doen is de manier waarop je tegen jezelf praat veranderen. Als jij jezelf vaak op je kop geeft, de dingen die je bereikt afzwakt of jezelf altijd loopt te be- en veroordelen is dit echt een stap voor jou! Maak het jezelf gemakkelijk op je meditatieplek en lees het stukje hieronder. Blijf vervolgens een minuut in stilte zitten en laat de bevrijding die vergeving brengt over je heen komen.

Ik maak mezelf vandaag geen verwijten. Ik kijk met een liefdevolle blik naar de ervaringen in mijn leven. Ik vergeef mezelf al mijn angstige gedachten en daden. Ik weet dat als ik mijn angst loslaat en ik mezelf niet meer aanval ik de liefde die in me is nieuw leven inblaas. Ik vergeef mezelf en maak ruimte zodat er liefdevolle leiding kan binnenkomen. Mijn belangrijkste taak vandaag is mezelf te vergeven.

Affirmatie dag vijf

VANDAAG VERGEEF IK MEZELF DAT IK VOOR DE ANGST HEB GEKOZEN.

VANDAAG KIES IK IN PLAATS DAARVAN VOOR DE LIEFDE.

De positieve bevestiging van vandaag herhaalt je bereidheid jezelf te vergeven. We kunnen soms hard tegen onszelf zijn omdat we zo lang voor de angst hebben gekozen, terwijl we gewoon niet beter wisten. Nu je je hebt overgegeven aan de weg van de liefde, leer je jezelf vergeven dat je voor de angst hebt gekozen en begin je in plaats daarvan voor de liefde te kiezen.

Denk eraan dat je voor je de deur uit gaat je wekker zet voor je wondermoment om 12.00 uur zodat je jezelf eraan herinnert om de affirmatie van vandaag hardop te zeggen: ***ik vergeef mezelf dat ik voor de angst heb gekozen. Vandaag kies ik in plaats daarvan voor de liefde.***

- Avondoefening **dag vijf**

Vergeef jezelf dat je dingen op jezelf hebt geprojecteerd. *Een cursus in wonderen* stelt dat onze projecties onze waarneming bepalen. Wat we in onszelf zien, bepaalt wat we buiten onze geest waarnemen. Deze oefening haalt de projecties van je ego tevoorschijn en laat er liefdevol licht over schijnen. Haal ook je dagboek tevoorschijn en som vijf manieren op waarop je angst op jezelf hebt geprogrammeerd. Zet daarna naast elke angst een liefdevolle reactie.

Ik geef je een voorbeeld van een angst en een mogelijke reactie:

> Angst: ik zal nooit het ware geluk vinden.
> Liefdevolle reactie: deze angst helpt me niet. Ik vergeef die angst en kies in plaats daarvan voor de liefde.

Eerst geeft deze oefening je misschien een ongemakkelijk gevoel, dat is normaal en prima. Maar het is exact wat je nodig hebt om buiten je comfortzone te treden. Onthoud dat het er niet om gaat dat je vast blijft zitten: je wordt juist geleid om je angsten onder ogen te zien zodat ze kunnen veranderen door er dagelijks aan te werken. Vertrouw erop dat je verlangen om te vergeven je een vredig gevoel in je hele wezen zal bezorgen.

Om je los te maken van je geloof in angst geeft de cursus je het advies om alles en iedereen te vergeven, ook je angst. Als je je angst vergeeft, erken je dat die niet echt bestaat. Door vergeving kun je je angst als een verkeerde keuze zien die je hebt geprojecteerd in plaats van te geloven dat het de waarheid is. Vergeving herinnert je aan je liefdevolle toestand. Als je je weer verbindt met de liefde herinner je jezelf eraan dat je angst niet echt is. De oefening van vanavond helpt je om ermee te beginnen de op angst gebaseerde ideeën te vergeven die je op jezelf hebt geprojecteerd.

Hul je angsten in liefde

Sla voor je naar bed gaat je dagboek open en schrijf jezelf een brief van vergeving. In deze brief ga je in op alle angsten die je op jezelf hebt geprojecteerd en waarvan je dacht dat ze echt waren. Kijk er zonder oordeel naar. Erken aan het begin van je brief de angst van het ego en gebruik je affirmatie van dag twee: *ik ben bereid hier anders naar te kijken. Ik ben bereid liefde te zien.* Gebruik deze positieve bevestiging om je geloof in de liefde te herstellen. Laat naarmate je meer opschrijft steeds meer liefde binnenkomen. Herhaal je bereidheid om in plaats daarvan liefde te zien. Kijk aan het eind van je brief vol liefde en compassie naar je angsten. Herinner jezelf er in de laatste zinnen aan dat je je uiterste best doet. Heb respect voor jezelf dat je probeert gelukkig te zijn. Sluit af met een laatste boodschap van liefde. We gaan de komende weken veel met zelfvergeving oefenen. Blijf je dus openstellen en blijf bereid om op deze manier te groeien.

Dag zes

Wonderen verwachten

Toen ik net begon te herstellen van mijn angst vond ik het moeilijk om te geloven dat wonderen voor mij beschikbaar waren. Ik zat vast in mijn angst en beperkingen en wonderen waren wel iets heel anders dan wat ik elke dag meemaakte en waar ik normaal aan dacht.

Toen ik *Een cursus in wonderen* ging bestuderen leerde ik dat een wonder simpelweg een verschuiving in waarneming is. Op het moment dat we besluiten onze angst los te laten en in plaats daarvan voor liefde te kiezen, vindt er een wonder plaats. De cursus leert: 'Wonderen gebeuren spontaan. Als ze uitblijven, is er iets misgegaan.'

Als we wonderen missen in ons leven wat is er dan misgegaan? Het antwoord is heel simpel: we zijn onze angst trouw gebleven. Het moment waarop onze geest een omweg maakt via angst, sluiten we de communicatie met de liefdevolle stem in onszelf af en houden we het wonder tegen. Ook al worden we de hele tijd ondersteund door een wonderlijke, liefhebbende energie, we zijn ons daar niet van bewust als we vastzitten in de angst. Als we ons overgeven aan vertrouwen in wonderen is het daarom van belang dat we onszelf er regelmatig aan herinneren dat wonderen spontaan plaatsvinden. De oefening van vandaag helpt je om je geest open te stellen en een mosterdzaadje van hoop te laten ontkiemen dat wonderen ook voor jou nu beschikbaar zijn.

▪ Ochtendoverpeinzing **dag zes**

We beginnen de oefening van vandaag met een ochtendoverpeinzing die je helpt om heel snel in wonderen te gaan geloven. Maak het jezelf gemakkelijk op je meditatieplek en lees de tekst hieronder. Blijf een minuut in stilte zitten en laat de woorden tot je doordringen.

Ik vergeef mezelf dat ik vastzit in mijn angst. Ik geloof in wonderen. Ik ben vandaag dankbaar dat ik bereid ben me te herinneren dat ik recht heb op wonderen. Vandaag open ik mijn bewustzijn en neem ik deel aan het tot stand brengen van wonderen. Ik weet dat als ik op wonderen vertrouw ik het vermogen heb om overal in mijn leven getuige te zijn van wonderen en die te ervaren. Ik geloof in wonderen.

Affirmatie dag zes

IK GELOOF IN WONDEREN.

Deze simpele positieve bevestiging van vier woorden is ongelooflijk krachtig. Zeg die hardop om jezelf nog enthousiaster te maken en zie hoe je energie verandert. Als dat je eerst een gek of ongemakkelijk gevoel geeft, bedenk dan dat een wonder gewoon een verschuiving in perceptie van angst naar liefde is. Toets deze affirmatie in in je mobieltje en geef je over!
Mijn advies voor vandaag is: las elk uur een wondermoment in. Is dat geen prachtige manier om je dag te beleven? Er elk uur aan herinnerd worden om in wonderen te geloven? Geniet van de leiding.

▪ Avondoefening **dag zes**

Neem even de tijd om na te denken over je dag en word je bewust van de momenten waarop je de liefde hebt tegengehouden door op je angst te focussen. Onthoud dat als je uit angst je liefdevolle manier van kijken tegenhoudt, je je verbondenheid met wonderen verbreekt. (Klinkt raar, inderdaad, maar de meeste mensen doen het continu door zich niet op liefde maar op angst te richten.)

Pak je dagboek en haal een moment naar voren waarop je vandaag de liefde hebt tegengehouden. Misschien was je bot tegen iemand op straat, heb je een collega afgesnauwd of werd je wakker met een rothumeur en heb je dat de hele dag met je meegedragen. Schrijf een moment op waarop je angst alle aandacht opeiste.

Door over dat negatieve moment na te denken kom je misschien weer terug in die negatieve toestand. Laat jezelf een minuut lang simpelweg het negatieve gevoel ervaren dat over je heen komt. Als je er klaar voor bent, zeg dan hardop tegen jezelf: 'Ik vergeef mezelf dat ik vastzit in deze angst. Ik weet dat er een liefdevolle manier is om hiernaar te kijken. Ik geloof in wonderen.' Blijf daarna een minuut in stilte zitten en laat de energie van die woorden emotioneel tot je doordringen. Geef jezelf de tijd om de liefde binnen te laten en het roer over te nemen. Adem het gevoel van opluchting in dat over je heen komt als je je geloof in wonderen bevestigt. Voel je lichaam zich ontspannen en je voorhoofd zacht worden. Besteed aandacht aan het wonder en geniet ervan.

We sluiten deze dag af met een innerlijkegidsmeditatie. Je werk van deze week heeft ervoor gezorgd dat je je openstelt voor een macht die groter is dan jijzelf. Tijdens de meditatie van vanavond leid ik je richting communicatie met je eigen innerlijke liefhebbende leiding. Ga naar www.gabbyb.tv/meditate om de audiomeditatie te downloaden.

Innerlijkegidsmeditatie

- Maak het jezelf gemakkelijk op je meditatieplek.
- Doe je handpalmen omhoog en adem diep in door je neus en uit door je mond.

- Blijf tijdens de hele meditatie zo ademen, adem diep in door je neus en uit door je mond.
- Stel je ten doel om de belemmeringen uit de weg te ruimen waardoor je geen wonderen in je leven ervaart.
- Adem in: *innerlijke gids, bedankt dat je me naar nieuwe waarnemingen leidt.*
- Adem uit: *ik ben bereid om liefde te zien in plaats van angst.*
- Adem in: *innerlijke gids, ik verwelkom jouw stem van de liefde als mijn innerlijke gids.*
- Adem uit: *met de liefde als mijn gids verwacht ik wonderen.*
- Blijf in stilte zitten en laat de stem van de liefde naar voren komen.

Dag zeven

Reflectie en voorbereiding

We sluiten elke week af door na te denken over de afgelopen week en de inleiding voor de volgende week te lezen. Ga dus in een gemakkelijke houding op je meditatieplek zitten en neem even de tijd om je oefeningen van deze week te overdenken. Misschien wil je wat extra aandacht besteden aan bepaalde passages of oefeningen in je dagboek die een sterke uitwerking op je hadden. Of misschien wil je een van de meditaties of oefeningen in je dagboek herhalen.

Elke week bouwt door op de volgende, dus aarzel niet om je instrumenten mee te nemen als we verdergaan op deze reis.

Als je klaar bent met je overpeinzing is het tijd om de inleiding op Week twee te lezen. Je gaat de liefde voor jezelf verdiepen en je vertrouwen in de liefde versterken. Maak je er maar klaar voor en verwacht wonderen!

Week twee
Een nieuwe manier van kijken naar jezelf

De meest gangbare manier waarop mensen hun macht opgeven is door te denken dat ze die niet hebben.
– Alice Walker

'Van jezelf houden' staat soms in een slecht daglicht. Veel mensen worden er niet goed van omdat ze het als te newagerig of als narcistisch zien. Maar dit gaat om je geluk, laten we dus niet muggenziften over woorden, maar ons openstellen voor het idee van houden van jezelf. Dat is het sleutelingrediënt voor innerlijke kracht en het is essentieel voor je vertrouwen in wonderen.

Ik beschrijf houden van jezelf altijd als een plek waar je komt als je al het andere hebt losgelaten. In een interview werd me laatst gevraagd: 'Hou je van degene die je bent geworden?' Mijn antwoord luidde: 'Ik geloof niet dat ik iemand ben geworden, ik heb gewoon alles losgelaten wat me in de weg stond om echt mezelf te zijn.' Als we de onjuiste perceptie van ons ego loslaten van wie we zijn of wie we zouden moeten zijn, kunnen we ons overgeven aan de waarheid, namelijk dat we liefde zíjn. De liefde waar ik het over heb is een intuïtieve stem die ons eraan herinnert dat we geweldig en waardevol zijn, die ons de juiste kant op leidt en die ons helpt rancune los te laten en weer rustig te worden. We hebben die innerlijke aanwezigheid het zwijgen opgelegd, maar door onszelf te vergeven en te accepteren kunnen we die vredige toestand van liefde voor onszelf weer wakker maken. Volg de adviezen van deze week op en je zult zien dat je zelfhaat en twijfel afnemen. Dan krijg je een nieuwe relatie met de liefde die je in je hebt: de belangrijkste relatie in je leven.

Als je de liefdevolle relatie met jezelf herstelt ga je je realiseren dat de liefde voor jezelf niet anders is dan de liefde die je anderen geeft. *Een cursus in wonderen* leert dat als je jezelf aanvalt je de wereld aanvalt; en als je van jezelf houdt je van de wereld houdt. Een aanval op jezelf heeft meteen invloed op de energie om je heen. Door jezelf voortdurend aan te vallen, val je de wereld voortdurend aan. Vind je dat naar klinken? Dat klopt, maar het is echt waar. Een aanval op jezelf leidt tot laag trillende energie. Die verspreidt zich als een virus. Hoe meer mensen uit angst en laag trillende energie handelen, hoe meer geweld, oorlog en haat er zijn. Als we een positieve impact willen hebben, moeten we spirituele activisten worden die de wereld door hun liefdevolle gedachten stukje bij beetje willen veranderen.

Gebrek aan liefde voor jezelf kan ervoor zorgen dat je veel duistere wegen bewandelt. Je kunt je daardoor incompleet voelen en de behoefte voelen om anderen te 'completeren' zodat je jezelf waardevol en 'goed genoeg' vindt. Gebrek aan liefde voor jezelf kan ook het tegenovergestelde effect hebben: dan ben je misschien zo boos op jezelf dat je je afzondert en de wereld niet laat delen in de prachtige dingen die je te geven hebt.

Neem bijvoorbeeld mijn lieve vriendin Christine Arylo. Doordat ze niet van zichzelf hield kwam ze helemaal aan de grond te zitten, wat later de katalysator werd voor haar grootste verandering. Christine was een workaholic en leed aan een afhankelijkheidsstoornis. Haar behoefte aan waardering van iedereen die ze ontmoette weerspiegelde het feit dat ze zichzelf innerlijk afkeurde. Omdat Christine niet van zichzelf kon houden, had ze de wereld nodig om te compenseren wat ze miste. Van de buitenkant leek ze alles te hebben: een verloofde, een baan in het bedrijfsleven met een topsalaris, een prachtig huis en alle andere dingen die mensen die zogenaamd 'gelukkig' zijn bezitten, maar innerlijk was het één puinhoop. Haar streven naar waardering en liefde zorgde ervoor dat Christine in innerlijke verwarring verkeerde en voortdurend het gevoel had dat het haar allemaal te veel werd. Als je in de buitenwereld naar je eigenwaarde zoekt zul je nooit bevredigd raken. Dan blijf je eindeloos op zoek om 'genoeg' goedkeuring en liefde te vinden. Christine zocht op de verkeerde plekken.

Tot Christine in 2001 wakker werd geschud door een gebeurtenis die haar leven zou veranderen. Onderweg naar haar eigen verlovingsfeestje kreeg ze een telefoontje van haar verloofde dat hij niet van haar hield, niet meer met haar wilde trouwen en de bruiloft afzegde. Je kunt je vast voorstellen dat Christine zich kapot schrok. Haar eerste reactie was om zichzelf af te zonderen. Ze had een hekel aan zichzelf en begon zichzelf op de kop te geven met negatieve gedachten als: dit is je eigen schuld, en jij krijgt nooit een gezonde relatie. Toen nam tot overmaat van ramp haar ego het roer over en dat begon haar verloofde verwijten te maken. De cursus leert ons dat het een van de slimste trucs van het ego is om onze angst op anderen te projecteren om zelf niet met ons ongemakkelijke gevoel te hoeven omgaan. Dat verkeerde verdedigingsmechanisme doet ons juist nog meer pijn.

Toen de eerste schok voorbij was kon Christine kiezen uit twee dingen. Ze kon door de situatie een nog grotere hekel aan zichzelf hebben of die zien als een kans om te veranderen. Ze koos voor verandering. Mijn vriendin gaf zich over aan de pijn van de afwijzing en liet zich openen. In plaats van ervoor te kiezen wrok te blijven koesteren, koos ze ervoor om het los te laten en wonderen in haar leven uit te nodigen.

Op een gegeven moment in ons leven staan we allemaal voor die beslissing. Als we aan de grond zitten is dat vaak een kans om in te zien dat er een betere manier moet zijn. Aan de grond raken was het grootste geschenk dat Christine kreeg. Het werd een keerpunt voor haar en een moment om de benodigde stappen te zetten om zich naar binnen te richten en zich aan de liefde te wijden. Want dat deed ze. Dag voor dag bouwde Christine haar innerlijke liefde voor zichzelf op door affirmaties, door te bidden, door aardig te zijn voor zichzelf, door meditatie en door te oefenen in vergeving. Kortom: ze concentreerde zich op positieve daden. Ze kreeg een nieuwe relatie met zichzelf. Toen Christine in verbinding was gekomen met die vredige toestand in zichzelf, doorliep ze vastberaden het spirituele proces om haar verloofde te vergeven en koos ze ervoor hem als een geschenk te zien. Daarna kreeg ze het geschenk van liefde voor zichzelf.

Christine staat nu bekend als de koningin van de zelfliefde. Ze schreef het boek *Madly in Love with Me* en geeft door het hele land lezingen over houden van jezelf en heeft er haar missie van gemaakt om anderen te leren zien dat ze er mogen zijn. Christine heeft van haar probleem haar doel gemaakt en is nu een sterk voorbeeld voor de wereld.

Ik hoop dat haar verhaal jou de kracht geeft om er deze week stevig tegenaan te gaan met de oefeningen. Heb jij ook geworsteld met een afhankelijkheidsstoornis of heb je een hekel aan jezelf? Val jij jezelf ook continu aan? Of is het bij jou subtieler en blijkt jouw gebrek aan liefde voor jezelf uit hoe je met eten, drugs of seks omgaat? Hoe je je ook afreageert, weet dat iedereen zich op de een of andere manier heeft losgekoppeld van de liefde in zichzelf. En dat ook iedereen de kracht heeft om die verbinding weer tot stand te brengen.

Net als Christine moeten we allemaal weer de verbinding aangaan met onze liefde voor onszelf als we een leven vol wonderen willen. Open dus je hart, je geest en je dagboek en bereid je voor op een nieuwe week vol grote veranderingen.

Hoewel deze week zich richt op houden van jezelf, is het belangrijk om te weten dat *Een cursus in wonderen* niet de nadruk legt op het eigen ik. De cursus ziet alle zelfperceptie als een afscheiding van onze ware staat van eenheid. Als we te veel nadruk leggen op ons eigen ik (of we dat nou goed vinden of slecht) overtuigt ons ego ons ervan dat we speciaal zijn: specialer of minder speciaal dan anderen. Het doel van de cursus is juist om in de loop van de tijd de zelfperceptie van ons ego los te laten en ons er uiteindelijk aan te herinneren dat we gelijk zijn aan anderen.

Het ego doet zijn uiterste best om ons gevangen te houden in aanvallen op onszelf, ook al lijkt het alsof we anderen aanvallen. Als we vastzitten in de egoperceptie van onszelf, gaan we onszelf vaak vergelijken met anderen. Vergelijken leidt tot (ver)oordelen en aanvallen. Het ego moet ons met anderen vergelijken om de illusie te bekrachtigen dat we slechter of beter zijn dan anderen. Een voorbeeld: misschien vergelijk je jezelf met een collega die meer verdient dan jij. De respons van het ego is om je collega aan te vallen en haar te veroordelen omdat zij heeft wat jij wilt hebben. Dat resulteert erin dat het ego jou ervan overtuigt dat omdat jouw collega heeft wat jij wilt hebben *jij dat nooit zult krijgen.* Want het ego gaat ervan uit dat er niet genoeg is voor iedereen. Dat vergelijken van het ego versterkt jouw veroordeling van anderen en het gemis dat je in jezelf waarneemt. De cursus herinnert ons er voortdurend aan dat als we over anderen oordelen, we over onszelf oordelen. Vergelijken en oordelen zijn de katalysatoren voor veel innerlijke chaos en duistere onrust. Laat je hierdoor niet frustreren; de oefening van deze week helpt je om de zelfperceptie van je ego te gebruiken als leermiddel voor ware groei.

Door de oefeningen van deze week kun je de op het onjuiste denken gebaseerde zelfpercepties van je ego naar je *~ing* brengen voor genezing. Door je liefde te laten schijnen over de manier waarop je je eigen ik waarneemt, zul je inzien dat je onterechte gedachten slechts illusies zijn en wordt je geloof hersteld in het feit dat jij liefde bént. Op de subtiele momenten dat je die waarheid inziet, gebeurt er een wonder. In een fractie van een seconde weet je dan weer dat je gelijk bent aan iedereen en dat wij allemaal liefde zijn. Hoe meer je hierin oefent, hoe meer je het negatieve 'ik' kunt loslaten dat je ego heeft gecreeerd. Zo kun je je opnieuw verbinden met de liefde die je bent.

Hier volgt het programma:

- Op **dag acht** haal je je vergrootglas tevoorschijn en begin je met het proces van getuige zijn. Je neemt bewust alle manieren onder de loep waarop je jezelf hebt aangevallen, aan jezelf hebt getwijfeld en jezelf hebt mishandeld. Misschien geeft het je een ongemakkelijk gevoel om goed naar dat gedrag te kijken, maar je moet weten dat je op een veilige plek bent om die gevoelens te hebben. Weet dat je wordt geleid.
- Op **dag negen** gaan we aan de gang met je bereidheid. Onthoud dat bereidheid essentieel is om verandering tot stand te brengen.
- Op **dag tien** geef je de aanzet tot nieuwe waarnemingen. Ik help je om je angsten om te keren en anders te kijken naar je relatie met jezelf.
- **Dag elf** brengt je terug bij dankbaarheid. Je gaat focussen op wat je leuk vindt aan jezelf en aan je leven.

- Op **dag twaalf** is het weer tijd voor vergeving en gaan we stevig aan de slag met zelfvergeving.
- Op **dag dertien** verwelkomen we wonderen...
- ... en op **dag veertien** blikken we terug en bereiden we ons voor op de komende week.

Begin je het patroon al te zien? Deze oefeningen zullen algauw een tweede natuur voor je worden. Zo kun je ze je hele leven volhouden.

Wees deze week voordat je aan de oefening van houden van jezelf begint extra aardig voor jezelf. Bereid je erop voor door vanavond je kamer op te ruimen, misschien een paar gezonde maaltijden te plannen en zorg ervoor dat je veel water drinkt. Hou je vochtbalans op peil, blijf gezond en wees de hele week goed uitgerust. We gaan de diepte in en halen oude dingen boven water die zich al jaren schuilhouden. Door goed voor jezelf te zorgen ondersteun je jezelf als je je openstelt om oude wonden aan te pakken en te genezen.

Dag acht

Getuige zijn van de angst die je jezelf aandoet

Ben je je ervan bewust hoe onaardig je tegen jezelf kunt zijn? Soms realiseren we ons niet eens hoe gemeen we zijn geweest. Zeg je weleens tegen jezelf dat je niet goed, slim, slank of wat dan ook genoeg bent? Maak je jezelf klein door de dingen uit de weg te gaan die je eigenlijk graag zou willen? Mishandel je je lichaam met alcohol, drugs, eten, seks, enzovoorts? Ben je niet bereid jezelf te vergeven voor iets uit het verleden?

Of je je het nu realiseert of niet, waarschijnlijk ben je op een of meerdere manieren onaardig tegen jezelf geweest. Dat is logisch. Je wist immers niet beter! Bedenk dat je als jong kind allerlei negatieve kernovertuigingen en patronen oppikt. Die gedachtepatronen speel je in je leven telkens weer af; ze bepalen de relatie die je nu met jezelf hebt. Dat gaat nu allemaal veranderen. De oefening van deze week legt de basis voor een liefdevolle relatie met jezelf. Laten we beginnen met de ochtendoverpeinzing.

▪ Ochtendoverpeinzing **dag acht**

Voor de overpeinzing van vanochtend moet je zonder angst getuige zijn van de wijze waarop jouw gedachten je werkelijkheid hebben gecreëerd. Ik weet dat het lastig is om de verantwoordelijkheid op je te nemen voor je ervaringen, maar het oefenen zal je helpen te aanvaarden dat jij het vermogen hebt om een nieuwe, liefdevollere realiteit te creëren. Ga op je meditatieplek zitten en haal diep adem. Ben je er klaar voor, lees dan het stukje voor vanochtend hieronder. Blijf daarna een minuut in stilte zitten om de woorden tot je te laten doordringen.

Gebed uit *Een cursus in wonderen*
Ik ben verantwoordelijk voor wat ik zie.
Ik kies de gevoelens die ik heb en
neem zelf de beslissing voor het goede dat ik wil bereiken.
En alles wat me overkomt
daar vraag ik om en ik ontvang waar ik om heb gevraagd.

Affirmatie dag acht

IK BEN VERANTWOORDELIJK VOOR WAT IK ZIE.

De positieve bevestiging van vandaag ondersteunt je proces van getuige zijn. Herhaal deze affirmatie vandaag en onthoud dat het in je vermogen ligt om je eigen perspectief te kiezen.
Terwijl je je bevestiging vandaag gebruikt zul je je bewuster worden van de wijze waarvoor jij hebt gekozen om de wereld om je heen te zien. Zet die uit je hoofd en weet dat dit begin de eerste stap is om je verbinding met je eigen ik te genezen. Echt houden van jezelf vereist radicale zelfreflectie. ***Een cursus in wonderen*** benadrukt dat het belangrijk is om licht te laten schijnen over de duisternis van het ego. Verantwoordelijkheid nemen voor de angst van je ego is een grote stap op weg naar jezelf geen verwijten meer maken. Zodra je kunt zien dat je simpelweg op basis van het onjuiste denken een verkeerde keuze hebt gemaakt, kun je bewust kiezen voor de juiste manier van denken. Probeer niet boos te worden op jezelf als je naar de misvattingen van je ego kijkt. Wees juist trots dat je naar je angsten kijkt met de bedoeling die te veranderen.

Avondoefening **dag acht**

Nu je weer thuis bent gaan we meer aan zelfreflectie doen. Ga naar je meditatieplek en beantwoord de volgende vragen in je dagboek. Neem de tijd voor deze oefening. Beantwoord elke vraag eerlijk. Dit is een oefening in *~ing*-schrijven, een schrijfoefening waarbij je alles uit je pen laat komen wat bij je opkomt. Maak je niet druk over spel- of stijlfouten. Laat je onbewuste via jou schrijven zodat je achter je eigen waarheid komt. Beantwoord de volgende vragen door middel van *~ing*-schrijven en laat het er allemaal uit komen.

- Op welke manier ben ik onaardig tegen mezelf geweest?
- ~ing-*schrijf je antwoord...*
- Op welke manier heb ik mezelf klein gemaakt?
- ~ing-*schrijf je antwoord...*
- Wat is het negatieve verhaal dat ik over mezelf heb gemaakt?
- ~ing-*schrijf je antwoord...*
- Op welke manier heb ik mezelf mishandeld met mijn gedachten of daden?
- ~ing-*schrijf je antwoord...*

Ben je klaar, neem dan even de tijd om na te denken over wat je hebt opgeschreven. Onthoud dat je jezelf niet veroordeelt om iets wat je hebt opgeschreven. *Een cursus in wonderen* benadrukt het principe van oordeelloosheid. Angst wil veroordelen, terwijl liefde wil vergeven. Wees dus aardig voor jezelf als je nadenkt over wat je hebt opgeschreven. Wees vriendelijk getuige.

Misschien komen er ongemakkelijke gevoelens bij je boven. Beschouw dat als een goed teken. Laat alle gedachten en gevoelens toe die tijdens deze oefening opkomen. Voelen is genezen. Probeer je dus op je gemak te voelen bij het feit dat je je ongemakkelijk voelt en vertrouw erop dat de liefde je de weg wijst.

Dag negen

Bereid worden om van jezelf te houden

De manier waarop we onszelf behandelen komt eigenlijk neer op één beslissing: kiezen voor de liefde. Voor die beslissing heb je bereidheid nodig. Als we niet bereid zijn ons verleden aan te pakken of naar onze patronen te kijken, kan er geen echte verandering plaatsvinden. Als je leeft vanuit vertrouwen in wonderen ga je de diepte in. Dat vraagt om echte overgave om je angsten onder ogen te zien en te zeggen: 'Ik ben bereid te veranderen.' Toen je dit boek oppakte gaf je al een statement af aan de kosmos. Je kondigde daarmee aan dat je bereid was te veranderen en te groeien.

Nu gaan we een stapje verder. Naar de bereidheid om volledig van jezelf te houden. Dat lijkt misschien een lastige opgave. Logisch dat je dat gevoel hebt. Want het ego heeft zijn uiterste best gedaan ons ervan te overtuigen dat we niet sympathiek zijn. Maar probeer er niet te veel over in te zitten. Hou het simpel en laat je leiden door de ochtendoverpeinzing van vandaag. Doe de oefeningen en laat je bereidheid stralen.

Het enige wat je nodig hebt om de leiding te ontvangen om te veranderen is de wil om te veranderen. Hou dat in je achterhoofd. Het gaat bij het oefenen vandaag niet zozeer om iets 'doen' als wel om een onbewust proces. Het is een kwestie van je overgeven.

▪ Ochtendoverpeinzing **dag negen**

Begin de overpeinzing van vandaag op je meditatieplek. Ga op de vloer of op je knieën zitten om het stukje te lezen. Het gebaar van knielen weerspiegelt echte overgave. Toen ik me overgaf om mijn negatieve zelfpercepties los te laten heb ik een aantal maanden op mijn knieën gebeden. Die lichamelijke handeling van bidden op mijn knieën was een statement tegenover mezelf en de energie om me heen dat ik klaar, bereid en in staat was om weer van mezelf te houden. Als je het wilt proberen ga dan op je knieën zitten en lees het stukje hieronder hardop. Blijf daarna een minuut in stilte zitten en laat de liefde tot je doordringen.

Ik geef me over. Vandaag draag ik alle angstige beelden over die ik op mezelf heb geprojecteerd. Ik laat alle twijfel aan en aanvallen op mezelf los. Daar kies ik voor. Ik ben bereid naar nieuwe projecties toe geleid te worden. Ik ben bereid weer van mezelf te houden. Innerlijke gids, neem alsjeblieft het roer over en laat me zien hoe ik echt mijn angst moet overdragen zodat ik van ganser harte weer van mezelf kan houden.

Affirmatie dag negen

IK BEN BEREID DE TWIJFEL AAN MEZELF LOS TE LATEN.

IK GEEF ME OVER AAN LIEFDE VOOR MEZELF.

Als je de angst vandaag weer voelt binnenglippen is het belangrijk dat je bewust naar je positieve bevestiging grijpt. Door je bewuster te worden van de manieren waarop je jezelf slecht behandelt, verhoog je je bereidheid om voor de liefde te kiezen. Let op de volgende dingen: negatieve dingen die je tegen jezelf zegt, aanvalsgedachten tegen jezelf, jezelf met anderen vergelijken of jezelf negatief beoordelen. Oprecht bewustzijn is de sleutel tot het achter je laten van alle verkeerde besluiten. Maak vandaag veelvuldig gebruik van je affirmatie. Schrijf die op een papiertje of op een geeltje dat je op je beeldscherm plakt of op een andere plek waar je het de hele dag kunt zien. Door jezelf visueel te herinneren aan je positieve bevestiging prent je die op een subtiele maar krachtige manier in.

▪ Avondoefening **dag negen**

Vanavond gaat het helemaal over goed voor jezelf zorgen. Zoals ik al zei in de inleiding van deze week is het essentieel om goed voor jezelf te zorgen tijdens dit proces. Je bereidheid om te kijken naar de manieren waarop je jezelf aanvalt heeft een sterke uitwerking, maar kan ook ongemakkelijke gevoelens oproepen. Door de overgave van vandaag ben je misschien nog verder opengebarsten. Daarom moet je jezelf vanavond lekker verwennen. Zet bijvoorbeeld een kopje thee voor jezelf en ga heerlijk tien minuten op je meditatieplek zitten. Of steek een kaars aan, kook voor jezelf of ga lang in bad of onder de douche. Waar je ook voor kiest, behandel jezelf als een onschuldig kind. Wees zacht voor jezelf.

Voor je naar bed gaat sluit je je dag af met een avondoverpeinzing die je bereidheid zal verdiepen. Net als bij de ochtendoefening raad ik je aan knielend te bidden. Onthoud dat dit werk niets met godsdienst of geloof te maken heeft. Op je knieën bidden betekent alleen dat je je overgeeft. Als dit je een ongemakkelijk gevoel bezorgt, ga dan gewoon op een kussen zitten om je gebed hardop op te zeggen.

Innerlijke gids, bedankt voor je werk vandaag. Vanavond verdiep ik mijn toewijding aan de liefde voor mezelf en ik vraag je alle twijfel aan mezelf, al mijn aanvalsgedachten en al mijn negatieve kernovertuigingen bij me weg te halen. Ik draag mijn relatie met mezelf over aan jou. Innerlijke gids, bedankt dat je die relatie hebt hersteld en de liefde weer hebt doen ontvlammen.

Dag tien

Ik kies ervoor om vandaag van mezelf te houden

De oefening van vandaag herinnert je er weer aan dat jij de keus hebt om te kiezen voor liefde in plaats van angst. Ik ga je vandaag helpen op een liefdevollere manier naar jezelf te kijken en ermee te stoppen jezelf aan te vallen. Dit is de dag waarop je op een totaal andere manier met jezelf gaat communiceren. Een nieuwe manier aanleren van tegen jezelf praten is een cruciale stap om meer van jezelf te gaan houden. Want wat je *onbewust* tegen jezelf zegt wordt wat je *bewust* van jezelf denkt. Laten we vandaag je zelfdialoog zuiveren. We beginnen met de ochtendoverpeinzing.

- Ochtendoverpeinzing **dag tien**

Maak het jezelf gemakkelijk op je meditatieplek. Ga rechtop zitten en adem diep in door je neus en uit door je mond. Lees het volgende stukje hardop aan jezelf voor en blijf dan een minuut rustig zitten om de woorden tot je door te laten dringen.

> *Ik ben liefde. Alles in en buiten me is liefde. Vandaag kies ik ervoor om dit te herhalen, te geloven en me ervoor in te zetten. Ik ben liefde. Al het andere waarvoor ik heb gekozen om in te geloven lijkt waar maar is het niet. Vandaag kies ik ervoor om de liefde, en alleen de liefde als waar te zien. Ik ben liefde.*

Affirmatie dag tien

IK BEN LIEFDE.

De positieve bevestiging van vandaag is heel simpel. Als je vandaag merkt dat je jezelf aanvalt of veroordeelt, zeg dan vriendelijk tegen jezelf: ***ik ben liefde***. Het simpele gebaar van jezelf eraan herinneren dat je liefde bént is je tot gids.

▪ Avondoefening **dag tien**

De oefening van vanavond is gebaseerd op het effectiefste instrument van de inspirerende lerares Louise Hay. Hou papieren zakdoekjes bij de hand, want dit is een oefening die een grote transformatie teweeg kan brengen!

Je hebt hiervoor een spiegel nodig. Een handspiegel of een make-upspiegeltje. Neem die mee naar je meditatieplek. Kijk naar je eigen spiegelbeeld en zeg: 'Ik hou van jou.' Zeg dat minimaal drie keer hardop terwijl je jezelf aankijkt. Laat los en laat je emoties er gewoon zijn, doe er niets mee. Laat je overspoelen door de liefde.

Deze oefening kan allerlei emoties oproepen, misschien zelfs emoties waar je helemaal niet op voorbereid bent. De eerste keer dat ik deze oefening zelf deed voelde ik me opgelaten en ongemakkelijk. De liefde voor mezelf bevestigen voor de spiegel was het tegenovergestelde van wat me was geleerd en bezorgde me bijna een gevoel van gêne.

Omdat er allerlei lastige emoties bij je kunnen bovenkomen als je deze oefening doet heb ik er nog een oefening aan toegevoegd: voor je gaat slapen in je dagboek schrijven. Dit is weer een *~ing*-schrijfoefening. Doe die een minuut of tien of als je wilt langer. Laat je pen over het papier glijden en laat je emoties eruit komen. Het onderwerp van vandaag is: *ik kies ervoor volledig van mezelf te houden*. Begin maar met schrijven...

Dag elf

Dankbaarheid naar jezelf

Vandaag brengen we de dankbare houding terug. Deze oefening laat je liefdevolle geest ontwaken en herinnert je eraan dat je een geweldig mens bent, iets wat tot nu toe waarschijnlijk verborgen is gebleven en wat je hebt ontkend. Hou het simpel. Je ego is er waarschijnlijk heel goed in geslaagd je ervan te overtuigen dat er niets (of heel weinig) is om dankbaar voor te zijn. Probeer nog dieper te gaan en je liefdevolle kern te bereiken om je te focussen op de dingen die je waardeert aan jezelf. Breng het balletje aan het rollen met de overpeinzing van vanochtend.

- Ochtendoverpeinzing **dag elf**

Maak het je gemakkelijk op je meditatieplek en lees de overpeinzing van vanochtend. Let erop dat je deze werkwijze niet beoordeelt. Je ego verzet zich hiertegen en wil je er misschien van overtuigen dat er weinig is om dankbaar voor te zijn. Doe je best om vandaag naar de liefde te luisteren. Probeer terwijl je het stukje leest jezelf te verbinden met de eenvoud van wat dankbaarheid je te bieden heeft. Blijf daarna een minuut in stilte zitten om dit radicale idee van dankbaarheid tegenover jezelf tot in je cellen te laten doordringen.

Vandaag ben ik dankbaar voor wie ik ben, ik ben dankbaar voor de lucht die ik inadem, voor het eten dat ik eet, voor de plek waar ik 's nachts mijn hoofd neerleg. Ik ben dankbaar voor de lessen die ik heb geleerd en voor het proces waar ik in zit. Ik ben dankbaar voor mijn bereidheid om van gedachten te veranderen en voor liefde te kiezen in plaats van angst. Mijn dankbaarheid voor mezelf vervult me van vreugde en laat me in wonderen geloven.

Affirmatie dag elf

IK BEN DANKBAAR VOOR DIT MOMENT.

De positieve bevestiging van vandaag kan de hele dag worden toegepast. Zeg de affirmatie op bij simpele ervaringen als bijvoorbeeld de trein halen of als je geniet van een kopje thee. Zeg: ***ik ben dankbaar voor dit moment***, ook als het even verkeerd lijkt te gaan. Laat je door deze affirmatie uit de angst van je ego naar dankbaarheid leiden. Een dankbare houding is als water voor iemand die in wonderen gelooft. Hoe meer je drinkt, hoe helderder je je voelt. Geniet van deze verfrissende, positieve bevestiging.

▪ Avondoefening **dag elf**

Als je na een dag weer tot jezelf moet komen, neem er dan even de tijd voor op je meditatieplek. Pak je dagboek en ga lekker op de grond zitten. Adem een paar keer diep in door je neus en uit door je mond. Laat jezelf tijdens het ademhalen zien wat voor een geschenk het is om de dag los te laten. Adem in en ervaar je emoties, laat ze los tijdens je uitademing. Haal tien keer diep adem en laat los.

Deze eenvoudige ademhalingsoefening helpt je om je op je liefdevolle energie te concentreren. Nu je *~ing* aanstaat roepen we je liefde tevoorschijn en vergroten we je dankbaarheid. Noteer in je dagboek een dankbaarheidslijstje. Dat is specifiek gericht op de dingen van jezelf waar jij dankbaar voor bent. Die lijst kan alles omvatten, van je bed tot je vermogen om voor anderen te zorgen of voor je open geest. Probeer hier niet te spastisch over te doen. Hoe somber de zelfprojecties van je ego ook zijn geweest, er is altijd hoop. Toen ik net was afgekickt en met mijn spirituele beoefening begon, focuste ik op dankbaarheid voor elk detail van mijn leven. Ik was dankbaar dat ik wakker werd zonder kater, ik was dankbaar dat ik me herinnerde wat ik de avond ervoor had gedaan, ik was zelfs dankbaar dat ik de puf had om mijn tanden te poetsen. Dankbaar zijn voor de kleine dingen van het leven was een stimulans om verder te gaan met mijn herstel en hielp me om alles te vieren. Tast diep in de buidel met liefde en doe jezelf wat dankbaarheid cadeau. Stel je lijstje op en ga daarna even zitten om het door te lezen. Herlees het een paar keer en laat tot je doordringen wat erop staat. Doe daarna de onderstaande dankbaarheidsmeditatie.

Volg de meditatie hieronder of ga naar www.gabbyb.tv/meditate voor de geleide audiomeditaties.

Dankbaarheidsmeditatie

- Maak het jezelf gemakkelijk in je bed of op je meditatieplek.
- Ga rechtop zitten en trek je schouders naar achteren.
- Bereid je lichaam erop voor om liefdevolle energie te ontvangen.
- Adem diep in door je neus en uit door je mond.
- Blijf tijdens je hele meditatie zo ademen.
- Adem in door je neus.
- Adem uit door je mond.
- Zeg terwijl je zo blijft ademen je dankbaarheidslijstje op in je hoofd.
- Ga de punten een voor een af en doe een beroep op de liefde die je vandaag hebt gekweekt.
- Adem de dankbaarheid in.
- Adem uit en vergroot je dankbaarheid.
- Laat dit lijstje energetisch vorm aannemen in je lichaam.
- Liefdevolle gedachten zullen je naar liefdevolle energie toe leiden.

- Adem in: *ik ben dankbaar voor...*
- Adem uit: *ik ben dankbaar voor...*
- Adem in: *ik ben dankbaar voor...*
- Adem uit: *ik ben dankbaar voor...*
- Adem in: *ik ben dankbaar voor...*
- Adem uit: *ik ben dankbaar voor...*
- Laat de liefde stromen.
- Blijf je dankbaarheidslijstje in- en uitademen.
- Doe als je er klaar voor bent je ogen weer open en kijk de kamer in.

Dag twaalf

Het woord met de 'v'

En dat is 'vergeving'.

Vergeving is als zuurstof: we hebben het nodig om te overleven. Om echt op wonderen te kunnen vertrouwen is het noodzakelijk dat je je serieus inzet om te vergeven, een proces dat begint bij jezelf vergeven. Door wrok tegen jezelf te koesteren ben je blijven steken in oude angstpatronen, wat je ervan heeft weerhouden om een leven te leiden waarin de liefde vrij kan stromen. Misschien kom je niet vooruit in je carrière omdat je het jezelf niet kunt vergeven dat je in het verleden fouten hebt gemaakt. Of kun je het jezelf niet vergeven dat je iemand in het verleden hebt gekwetst en ben je nu bang voor elke intimiteit. Het schuldgevoel dat je meedraagt zorgt ervoor dat je vastzit in het verleden en bang bent voor de toekomst. *Een cursus in wonderen* zegt: '... nu we niemand vasthouden als gevangene van schuld, worden we bevrijd.' De oefening van vandaag is de eerste stap op weg naar bevrijding van de ketenen van schuldgevoel en van aanvallen op jezelf.

Misschien heb je geen idee hoe je met het proces van zelfvergeving moet beginnen. Probeer daar niet te veel over in te zitten, laat het gewoon over je heen komen. Vertrouw erop dat je innerlijke gids je steunt en je op dit pad leidt. Als je vergeving accepteert als je methode voor geluk, dan wijst de liefde je de weg. Geef je over aan de oefeningen van vandaag en laat wonderen spontaan gebeuren. We gaan er tijdens de ochtendoverpeinzing flink tegenaan om te vergeven!

▪ Ochtendoverpeinzing **dag twaalf**

De ochtendoverpeinzing van vandaag is het startschot voor je oefenen in zelfvergeving. Ga op je gemak zitten op je meditatieplek. Adem diep in door je neus en uit door je mond. Als je klaar bent, lees dan de tekst. Blijf daarna een minuut in stilte zitten en laat de boodschap op je inwerken.

Vandaag ga ik me ervoor inzetten mijn verleden los te laten. Dit is het moment waarop ik ervoor kies om alle opgekropte woede en rancune die ik tegenover mezelf koester los te laten. Al is het maar voor even, ik verwelkom dat moment. Ik vergeef mezelf mijn verleden, mijn heden en mijn toekomst. Ik vertrouw erop dat ik liefde ben en dat al mijn levenservaringen me door de kosmos worden opgelegd om van te leren en door te groeien. Ik heb naar omstandigheden in mijn leven het beste gehandeld en vandaag is het beste wat ik kan doen vergeven. Ik vergeef mezelf vandaag.

Affirmatie dag twaalf

IK VERGEEF MEZELF DAT IK DEZE GEDACHTE HEB.

IN PLAATS DAARVAN KIES IK VOOR LIEFDE.

De positieve bevestiging van vandaag gaat over vergeving en ik raad je aan die je hele leven te blijven gebruiken. Ik zeg haar zelf de hele dag, elke dag opnieuw. Als er een angstige gedachte bij me opkomt vervang ik die door deze affirmatie. Als je vandaag merkt dat je vol angst of wrok tegen jezelf zit, zeg dan gewoon: 'Ik vergeef mezelf dat ik deze gedachte heb. In plaats daarvan kies ik voor liefde.' Het ego vergeven dat het een bepaalde negatieve gedachte heeft is een heel effectief instrument. Het moment dat je de gedachte vergeeft, erken je dat ***jij niet je angst bent***. Dan zie je de angst zoals die werkelijk is: een egoprojectie waarin je bent gaan geloven, niet wie jij werkelijk bent. Elke keer dat je jezelf deze affirmatie voorhoudt, versterk je de liefde voor jezelf.
Soms realiseer je je misschien niet eens dat de angst je in zijn greep heeft. Veel mensen zijn er bijvoorbeeld de hele dag mee bezig zichzelf en anderen te veroordelen en aan te vallen met kleine, maar krachtige negatieve gedachten. Dan heeft de angst van het ego het roer in handen. Of je denkt misschien negatieve dingen over iemand die je heeft gekwetst. Het ego heeft je ervan overtuigd om te geloven dat die gekwetstheid jouw aanval rechtvaardigt, maar in werkelijkheid doen die negatieve gedachten je alleen nog maar meer pijn. Word je bewust van de manieren waarop je aanvalt, (ver)oordeelt, onderscheid maakt en negatieve gedachten herhaalt in je geest. Reageer vervolgens vandaag telkens als je angstgestuurde gedachten hebt met de affirmatie: ***ik vergeef mezelf dat ik deze gedachte heb. In plaats daarvan kies ik voor liefde.***

▪ Avondoefening **dag twaalf**

Neem nu je bijkomt van je dag even de tijd om na te denken over de uitwerking van je affirmatie. Het beantwoorden van de volgende vragen zal je helpen deze oefening te verinnerlijken. Nadenken over je innerlijke reis kan effectief zijn omdat je op die manier getuige bent van je groei. Onthoud dat ware verandering plaatsvindt door middel van subtiele verschuivingen; zet dus zelfs de kleinste verandering in de schijnwerpers en respecteer die.

Beantwoord de volgende vragen in je dagboek:

1. Wat voor gevoel gaf het je om je angstige gedachten los van jezelf te zien?
2. Wat voor opluchting ervoer je door je affirmatie te gebruiken?
3. Heeft je affirmatie voorkomen dat je je afreageerde door zelfdestructief gedrag?
4. Zet je je ervoor in om jezelf voortdurend te vergeven?

Door heel goed te kijken naar de oefening van vandaag zie je of je vooruitgaat. Het is belangrijk om over je reis na te denken. De verschuivingen vinden spontaan plaats en door er licht over te laten schijnen kun je je verandering vieren. Denk eraan dat je altijd op een liefdevolle manier naar je spirituele beoefening kijkt. Het ego is er namelijk op uit om je noeste arbeid onderuit te halen en heeft overal iets op aan te merken. Hou dat in je achterhoofd en blijf op een oordeelloze manier getuige van je eigen krachtige transformatie.

Ter afsluiting van deze oefening en van deze dag gaan we bidden. Maak het je gemakkelijk op je meditatieplek en zeg het volgende gebed hardop op:

Kosmische leiding die me omringt, ik verwelkom je steun. Ik erken waar ik verkeerd zat in mijn denken en ik kan zien hoe onverzoenlijk ik ben geweest. Ik zie mijn aandeel in het creëren van dit patroon van zelfdestructie en ik verwelkom mijn ~ing om tussenbeide te komen. Ik ben bereid in plaats hiervan liefde te zien. Bedankt voor je leiding tijdens mijn oefening in zelfvergeving. Ik zal luisteren naar mijn intuïtie, mijn spirituele opdrachten aanvaarden en alles doen wat noodzakelijk is om weer van mezelf te houden. Laat me maar zien wat je voor me in petto hebt...

Dag dertien

Het groot aanpakken en wonderen verwachten

De oefening die we vandaag gaan doen is heel krachtig. De kleine verschuivingen van de afgelopen anderhalve week zijn wonderen gaan uitnodigen. Nu is het tijd om wonderbaarlijke verschuivingen te verwachten. Hoe meer je wonderen verwacht, hoe meer wonderen je zult ervaren. Wonderen zijn beschikbaar voor ons allemaal. We moeten gewoon vertrouwen hebben en ons bewust zijn van hun aanwezigheid.

We gaan er vandaag dus aan werken om onze innerlijke rust en de liefde voor onszelf volkomen te accepteren, want dat vergroot ons vertrouwen in wonderen. Elke tekst, elke affirmatie en elke oefening helpen je om je vertrouwen te vergroten. Voor het zetten van de volgende stappen is volledige toewijding vereist. Laten we vandaag dus je vertrouwen in wonderen een grote impuls geven en er flink tegenaan gaan met je geloof in jezelf!

- Ochtendoverpeinzing **dag dertien**

Kom tot jezelf op je meditatieplek. Schrijf in je dagboek: *vandaag geef ik me over aan wonderbaarlijke verschuivingen. Ik laat me leiden door vergeving.* Adem vervolgens diep in door je neus en uit door je mond. Lees als je er klaar voor bent de tekst voor vanochtend hardop. Blijf daarna een minuut in stilte zitten en laat het eerste wonder van vandaag tot je doordringen.

Ik kies er elk moment opnieuw voor om mijn angst te vergeven; in plaats daarvan zie ik liefde. Dit is een wonder. Vandaag tel ik die wonderbaarlijke verschuivingen bij elkaar op en geniet ik van de liefdevolle steun die ik van de kosmos krijg. Liefde en wonderen zijn nu beschikbaar voor me. Door van mezelf te houden en mezelf te vergeven, wordt me een wonder gegeven.

Affirmatie dag dertien

VANDAAG GEEF IK ME OVER AAN WONDERBAARLIJKE VERSCHUIVINGEN.

IK LAAT ME LEIDEN DOOR VERGEVING.

Je positieve bevestiging van vandaag bekrachtigt de woorden van de tekst voor je ochtendoverpeinzing. Als je merkt dat je ego zich afreageert, zeg dan je affirmatie hardop. Gebruik die als je merkt dat je jezelf veroordeelt. Ga dan niet door met jezelf aanvallen, maar grijp terug op je positieve bevestiging en laat de liefde het roer overnemen. Geniet van de wonderen die telkens weer plaatsvinden en zie dat het er steeds meer worden.

▪ Avondoefening **dag dertien**

Kom even bij van je dag en neem een pauze van vijf minuten om aan zelfreflectie te doen. Ga naar je meditatieplek en lees het gebed dat hieronder staat. Door deze fantastische oefening kun je het proces van vergeving overdragen aan de zorgen van je innerlijke gids. Vergeven is niet altijd gemakkelijk, vooral jezelf vergeven niet. Dus draag vandaag je verlangen om te vergeven gewoon over aan de bezieling van je *~ing* en laat die zijn werk doen.

Gebed van zelfvergeving
Innerlijke gids, ik verwelkom je steun. Ik heb beloofd mezelf te vergeven en ik ben eraan toe me te bevrijden van de

ketenen waarin de angst me gevangen houdt. Ik weet dat vergeving me zal bevrijden. Ik draag mijn verlangen over aan jou en accepteer dat jij me zult laten zien welke kant ik uit moet, wat ik moet doen en wat ik moet zeggen. Ik weet dat je me naar de perfecte opdrachten en lessen zult brengen, zodat ik mijn liefde voor mezelf kan verdiepen en mijn angst kan loslaten. Bedankt dat je me helpt mezelf te vergeven.

Ter afsluiting van de dag gaan we helemaal los met een zelfvergevingsmeditatie. Bereid je erop voor om meteen na de meditatie nog wat te *~ing*-schrijven. Want daarna heb je er waarschijnlijk behoefte aan om stoom af te blazen in je dagboek en oude wrok tegen jezelf los te laten. Blijf openstaan voor het proces en laat je door mijn meditatie leiden. Lees de meditatie hieronder of download de audiomeditatie op www.gabbyb.tv/meditate.

Zelfvergevingsmeditatie

- Maak het jezelf gemakkelijk op je meditatieplek.
- Trek je schouders zachtjes naar achteren en hou je handpalmen omhoog.
- Adem diep in door je neus en uit door je mond.
- Blijf tijdens de hele meditatie zo ademen.
- Ga door met ademen en begin jezelf te zien als een onschuldig kind.
- Roep het beeld van jezelf als kind op.
- Probeer dat beeld niet te verstoren.
- Laat je door je onbewuste leiden om je onschuldige ik als kind te zien.
- Blijf inademen door je neus en uit door je mond. Laat je geest dwalen.
- Hou het beeld vast van jezelf als onschuldig kind dat speelt, lacht en van het leven geniet.
- Doe je best om weer contact te leggen met die tijd.

- Versterk dat beeld van jezelf als kind en begin de volgende affirmaties in en uit te ademen.
- Adem in: *ik ben onschuldig.*
- Adem uit: *ik ben liefde.*
- Adem in: *ik ben niet verkeerd.*
- Adem uit: *ik heb niet gezondigd.*
- Adem in: *ik ben onschuldig.*
- Adem uit: *ik ben heel.*
- Adem in: *ik ben goed genoeg.*
- Adem uit: *ik ben liefde.*
- Blijf zo lang je wilt doorgaan met deze mantra's.

Als je er klaar voor bent, pak dan je dagboek en begin te ~*ing*-schrijven. Laat je onbewuste gedachten op het papier stromen. Ga de tekst niet herschrijven, laat de woorden er gewoon uit komen. Als je klaar bent met ~*ing*-schrijven, ga dan lekker in bed liggen of blijf even in stilte zitten. Woon je niet alleen, dan is het misschien raadzaam om een stil plekje voor jezelf te creeren. Toen ik net was gaan samenwonen met mijn verloofde moest ik elke keer improviseren om een eigen plekje voor mijn beoefening te creëren. Soms mediteerde ik in de badkamer om wat heilige tijd in mijn eentje te hebben. Doe wat je kunt om die ruimte te creëren en vertrouw erop dat de verandering in jouw energie iedereen bij jou thuis (zelfs je huisdieren) ten goede komt. Laat dit krachtige werk beginnen. Ga niet meer televisiekijken en voer nu ook geen diepgaande gesprekken meer. Vertrouw erop dat dit een diepgaand proces is, dat je opent voor spirituele veranderingen. Wees stil.

Dag veertien

Reflectie en voorbereiding

Vandaag kijken we terug op het ongelooflijke werk dat je tot nog toe hebt verricht.

- Ochtendoverpeinzing **dag veertien**

Maak voor de ochtendoverpeinzing van vandaag even tijd vrij om je dagboek door te nemen en getuige te zijn van je heling en van alles wat je hebt geleerd. Misschien stel je vast dat de oefeningen je een wat ongemakkelijk gevoel bezorgen. Of je merkt dat je een beetje vastzit in een van de oefeningen. Dat is prima. *Een cursus in wonderen* stelt: '... alleen oneindig geduld sorteert onmiddellijk effect.' Elk stil moment van geduld geeft je de ruimte om kosmische leiding van je *~ing* te ontvangen. Wees aardig en zacht voor jezelf gedurende de rest van deze tweeënveertig dagen van oefenen. Maak van geduld je topprioriteit.

Als je terugblikt op de afgelopen week, let er dan op dat je niet zoekt naar dingen die niet goed gaan. *Een cursus in wonderen* zegt: 'Wil ik het probleem of wil ik het antwoord?' Blijf je ervoor inzetten om naar het antwoord te zoeken en vertrouw erop dat als je je openstelt om leiding te ontvangen je altijd naar de juiste volgende handeling toe geleid zult worden. Creeer een heilige ruimte om je werk zonder oordeel te overzien; dat zal je helpen op je reis om het antwoord te aanvaarden dat *jij liefde bent.*

- Avondoefening **dag veertien**

Je volgende en laatste oefening van deze week bereidt je voor op wat je volgende week gaat doen. Aanstaande week gaan we dieper in op de relatie met je lichaam. Angst kan op heel vervelende manieren bovenkomen als het gaat om lichaamsbeeld en lichamelijke gezondheid. Ik hoop dat dit hoofdstuk je een nieuw, ongelooflijk perspectief zal geven en je er nog meer van bewust zal maken dat wonderen mogelijk zijn. Verander je denken over je lichaam en je lichaam zal veranderen. Geniet van de inleiding op Week drie en bereid je erop voor dat je je beoefening naar een heel nieuw niveau zult tillen!

Week drie
Lichaamsbeeld

Onze lichamen zijn een middel voor spirituele groei en genezing.

Ik denk dat wij zielen zijn in een menselijke ervaring. Weet je wat ik daarmee bedoel? Het is nogal wat, wat ik zeg, dus ik zal het in spiritjunkiestijl aan je uitleggen. Door de oefeningen van de cursus ben ik gaan begrijpen dat je lichaam een middel is waarmee je kunt leren weer in verbinding te komen met je ware essentie, de liefde. In je lichaam kun je een heel scala aan coole opdrachten doorlopen om uiteindelijk terug te keren tot je spirituele geloof in de liefde. *Een cursus in wonderen* leert je je lichaam te gebruiken om die opdrachten aan te gaan en spirituele lessen te leren. Dat is niet altijd makkelijk, maar je leert daardoor wel inzien dat je hier bent in je lichaam om je angst voor de wereld te boven te komen en de lessen van de liefde over te brengen.

Het ego kan het concept van het lichaam als middel om te leren niet begrijpen. Het heeft ons ervan overtuigd dat wij ons lichaam zijn. We hebben ons vereenzelvigd met de perceptie van ons ego dat we dik, lang, klein, zwart, blank, kreupel, ziek, et cetera zijn. Het ego vergelijkt ons lichaam met andere lichamen. Het wil dat we ons lichaam gebruiken om meer van de wereld te krijgen, of dat nu seks, geld of succes is. En het ergste van alles: ons ego overtuigt ons ervan om bang te zijn voor ons lichaam.

Ik weet zeker dat de meesten van ons op een bepaald moment in hun leven een negatieve relatie met hun lichaam hebben gehad. Wanneer we ons lichaam ervaren door de ogen van ons ego roept dat namelijk altijd gevoelens van ontoereikendheid en afgescheidenheid op. Als we zwichten voor de gedachten van ons ego ervaren we gedachten op een laag trillingsniveau, die het energieveld van ons lichaam negatief beïnvloeden. Door onszelf constant aan te vallen met lelijke gedachten, dringt de energie daarvan door in ons lichaam. Die laagfrequente energie is krachtig, of we ons dat nu realiseren of niet. Op z'n ergst kan die negatieve energie zich manifesteren als ziekte, wat de angst nog versterkt. Als we rondlopen met wrok, zelfhaat en veroordeling, vallen we ons lichaam aan met laagfrequente gedachten en energie. De angst die we meedragen is als een virus in onze geest en dat virus kan uiteindelijk ons lichaam overnemen. Als we begrijpen hoe onze energie ons lichaam beïnvloedt, zien we hoe onze spirituele heling onze lichamelijke heling enorm zal ondersteunen.

De cursus ziet dat zo: elke keer dat we veroordelend naar ons lichaam kijken of het aanvallen door het met andere lichamen te vergelijken, maken we onszelf los van onze ware toestand: liefde. En elke keer dat we ons losmaken van de liefde voelen we ons shit (om het maar even bot te zeggen). We denken dat we ons rot voelen omdat ons lichaam niet goed genoeg is of omdat de wereld ons heeft verteld dat we dik, lelijk, arm, et cetera zijn. Maar de werkelijke reden waarom we ons zo vreselijk voelen is dat we ons hebben losgemaakt van de liefde. Dat zorgt ervoor dat we ons onbewust schuldig voelen. Omdat we diep vanbinnen weten dat we er zelf verantwoordelijk voor zijn dat we ons hebben losgemaakt van onze liefdevolle waarheid. In de woorden van *Een cursus in wonderen* hebben we ons losgemaakt van de liefde, alias God, en hebben we in essentie onze verbinding met de liefde vernietigd. Dat veroorzaakt het onbewuste schuldgevoel van het ego. En ook al is dat schuldgevoel onbewust, we voelen de pijn daarvan en willen die verdoven. Het ego doet stevig zijn best om dat schuldgevoel te verdoven door ons uit angst over te geven aan verslavend gedrag, zoals te veel of te weinig eten door een verstoord lichaamsbeeld, drank- en drugsgebruik, ongezond seksueel gedrag, et cetera. Waarom? Dat gedrag versterkt de spiraal van het ego en houdt ons gevangen in angst. Kijk maar naar hoe je daar zelf mee omgaat. Als je je ongemakkelijk voelt is de kans groot dat je je overgeeft aan angstige gedachten, daden en gedrag om dat ongemakkelijke gevoel niet te ervaren. Want die valse truc past het ego toe: ontkenning. Door ons schuldgevoel te ontkennen, zakken we nog dieper weg in de angst en gaan we nog meer op ons ego vertrouwen.

Angst is een hongerige, bodemloze put. Wil het ego in leven blijven, dan moet de angst gevoed worden. Dat is het moment waarop het misbruik van ons lichaam onbewust en verslavend wordt. Of we ons lichaam nu misbruiken door onze gedachten, daden of overtuigingen, we versterken onze angst telkens weer om ons ego tevreden te stellen en te verzadigen.

De eerste vijfentwintig jaar van mijn leven zat ook ik gevangen in zo'n egoperceptie van mijn lichaam. Ik gebruikte mijn lichaam om erkenning te krijgen. Als mijn jurkjes maar kort genoeg waren dacht ik dat ik wel de aandacht zou krijgen waar ik zo wanhopig naar op zoek was. Jarenlang vond ik mijn lichaam beter dan dat van mensen die dikker waren en had ik tegelijkertijd een hekel aan mijn lichaam omdat ik nog slanker wilde zijn. Ik mishandelde het met drugs, eten, alcohol en stress. En het ergste van alles: ik mishandelde het met mijn gedachten. Mijn ego was de baas en daardoor heb ik de buitenwereld jarenlang gebruikt om mijn gevoelens van incompleetheid te versterken.

Het egopatroon en de angstige ideeën die ik op mijn lichaam projecteerde, maakten me op allerlei manieren lichamelijk ziek. Hoe vaak ik bijvoorbeeld ook probeerde te stoppen met drugs, ik kon mijn verslaving niet loslaten omdat ik mijn ongeheelde pijn met drugs verdoofde. Hoe vaak ik ook probeerde een punt te zetten achter mijn eetbuien, ik kon er niet mee ophouden, omdat ik bang was dat ik niet genoeg kreeg. Die verslavende patronen waren het gevolg van mijn spirituele toestand: ik had me losgemaakt van de liefde en voor de perceptie van mijn ego gekozen. Al mijn lichamelijke kwalen waren een gevolg van het feit dat ik me emotioneel niet op mijn gemak voelde. Mijn angstige lichaamsbeeld creëerde een ongemakkelijk gevoel in mijn geest en tastte daardoor mijn lichamelijke conditie aan. Om nog maar te zwijgen van de ergste consequentie: dat ik gevangenzat in de lichamelijke angstspiraal van het ego om voor mijn innerlijke toestand constant oplossingen buiten mezelf te zoeken. Dat egogedrag manifesteerde zich onder andere in de vorm van eetbuien, te veel drinken en obsessief bezig zijn met mijn gewicht.

Toen ik op mijn vijfentwintigste helemaal aan de grond raakte, zat mijn lichaam ook aan de grond. Ik woog toen vijfenveertig kilo. Ik had zes maagzweren en was zwaar drugsverslaafd. Kwalen die allemaal het resultaat waren van mijn spirituele toestand.

Toen ik aan de grond zat, zat er niets anders op dan afkicken en mijn op angst gebaseerde waarnemingen helen. Door mijn spirituele beoefening begon mijn lichaam spontaan te genezen. Tijdens mijn herstel leerde ik op een liefdevolle manier naar mijn lichaam te kijken. En toen ik echt voor honderd procent een spiritjunkie werd ging ik de ware bedoeling van mijn lichaam zien. Ik leerde dat mijn lichaam (in zijn hele functioneren) het middel was waarmee ik een boodschap van empowerment met de wereld kon delen. Dat besef gaf me alle inspiratie die ik nodig had om gezond en fit te blijven voor het werk dat ik hier te doen heb. Als spreker, schrijver en verteller over de liefde beschouw ik mijn lichaam bewust als boodschapper om anderen te helpen hun ziel te laten ontwaken en hun spirituele weg te gaan.

Gewapend met dat nieuwe begrip van de bedoeling van mijn lichaam ben ik me nu heel erg bewust van de manier waarop ik mijn lichaam behandel. Omdat ik begrijp dat mijn lichaam hier is om een boodschapper voor transformatie te zijn, ben ik er stevig van doordrongen dat mijn gedachten en daden mijn lichamelijke conditie beïnvloeden. Dat bewustzijn en mijn spirituele betrokkenheid stellen me in staat een gezond leven te leiden. Ik eet zuiver, gezond voedsel en geef mijn lichaam de beweging die het nodig heeft. En het belangrijkste: ik voed me met liefhebbende gedachten en bevestig mijn vertrouwen in wonderen telkens opnieuw. Door zo te leven krijg ik de energie, de gezondheid en het enthousiasme dat ik nodig heb om van binnenuit te stralen en een authentieke gids te zijn.

De cursus stelt dat ons lichaam maar één heer kan dienen: of het ego of onze *~ing*. Als we door de bril van ons ego naar ons lichaam kijken blijven we ons speciaal-zijn en onze afgescheidenheid bewijzen, maar als ons lichaam de liefde dient laten we ons door onze *~ing* naar de juiste waarneming leiden. Onze innerlijke gids ziet het ego als een illusie, het ziet de leugens en valse projecties daarvan. Als we ons het liefdevolle doel van het lichaam realiseren gebruikt onze innerlijke gids dat als leermiddel voor diepgaande groei en verandering. Bij mij vond genezing plaats toen ik mijn lichaam niet langer gebruikte om iets van de wereld te krijgen maar het juist inzette om de wereld te dienen. Door al onze lichamelijke kwalen aan onze innerlijke gids over te dragen voor genezing, zullen we de ware lessen te weten komen van wat ons lichaam ons probeert te leren. Het lichaam verandert dan van een wapen van het ego in een middel van de *~ing* voor het brengen van genezing en het uiten van liefde.

Het wonder

Als je aandacht besteedt aan de manier waarop je gedachten je lichaam beïnvloeden, word je je bewuster van wat je denkt. Of je je nu overgeeft aan eetbuien, veel drinkt, drugs gebruikt of een ander probleem hebt, je zult een nieuwe vrijheid leren kennen.

Door anders over je lichaam te denken, verandert je lichaam. En dat niet alleen, ook de bedoeling van je lichaam verandert. Zodra je je lichaam als liefde gaat zien, leer je dat als communicatiemiddel gebruiken om die liefde te delen.

Je lichaam genezen vanuit je geloof in wonderen

Als je in wonderen gelooft kijk je heel anders naar lichamelijke genezing dan je altijd is geleerd. Lichamelijke ziekte wordt niet ontkend, maar er wordt wel op een andere manier naar ziekte gekeken. Het basisuitgangspunt van vanuit je geloof in wonderen naar je lichaam kijken is dat je je *~ing* uitnodigt voor genezing. Je geest moet genezen worden om de genezing van het lichaam te kunnen ondersteunen. Bedenk dat angst in je geest ziekte in je lichaam creëert. Daarom is een mentale schoonmaak vereist om het proces van lichamelijke genezing te ondersteunen.

Als je de manier van denken toepast die je geest kan helpen je lichaam te genezen, kun je veel wonderen ervaren. Het is niet zo dat de lichamelijke toestand zomaar verdwijnt (ook al gebeurt dat wel vaak), maar je wordt exact geleid naar wie en wat je nodig hebt om genezing te laten plaatsvinden. Verwelkom helende wonderen en je zult zien hoe de kosmische energie via mensen werkt om te helpen bij je herstel. Zelf heb ik ook wonderbaarlijke lichamelijke genezing ervaren door mijn leven over te dragen aan mijn *~ing*. Zo liep ik een stevige griep op toen ik in Los Angeles was. Ik was een paar dagen gevloerd. Dat was vervelend omdat ik een aantal bijeenkomsten in mijn agenda had staan en een belangrijke lezing zou geven. In een vreemde stad was het niet eenvoudig om een huisarts te vinden die een nieuwe patiënt wilde aannemen. Ik lag in bed, zo ziek was ik in geen jaren geweest. Maar in plaats van het bijltje erbij neer te gooien en me helemaal over te geven aan de griep, bad ik om leiding. Ik vroeg om een wonder. Ik was bereid me te laten leiden naar alles wat nodig was om beter te worden. Korte tijd nadat ik had gebeden kreeg ik een telefoontje van een vriendin. Ze stelde me voor mijn huisarts in New York te vragen om me door te verwijzen. Mijn niet-vindingrijke egogeest had daar niet aan gedacht, waardoor ik nogal opdringerig was geweest in mijn pogingen me door iemand in LA te laten helpen. Ik koos ervoor de tip van mijn vriendin op te volgen en contact op te nemen met mijn arts en goede vriend Frank Lipman in New York door hem een noodmailtje te sturen. Hij reageerde binnen een paar minuten en liet me weten dat hij contact had opgenomen met een holistische arts in Santa Monica naar wie hij me had doorverwezen. Ik kon diezelfde dag al bij hem op consult komen. Binnen een uur zat ik in de praktijk van dr. De Mello, die me heel hartelijk ontving en me intraveneus vitaminen toediende. Hij bleek mijn spirituele filosofieën en mijn holistische benadering van gezondheid te delen. Voordat hij het flesje vitaminen in de katheter deed, vroeg hij me er een gebed over uit te spreken. De hele ervaring met dr. De Mello was ongelooflijk geleid. Ik ervoer een onzichtbare aanwezigheid die via hem en de vitaminen werkte. De volgende ochtend voelde ik me 99 procent beter.

Dit is een voorbeeld van wat er gebeurt als je de liefde binnenlaat in het genezingsproces. Het is niet zo dat je alleen maar een gebed hoeft uit te spreken en dat de ziekte dan meteen weg is (ook al kan dat wel gebeuren). Het echte wonder is dat je je door de kosmos naar creatieve kansen voor genezing laat leiden. Misschien word je naar de juiste arts geleid met wie je een klik hebt en waardoor je bij de grondoorzaak van je lichamelijke probleem komt. Of je wordt intuïtief naar een boek geleid dat je helpt je geest en je lichaam te genezen. Ik geloof dat de kosmische energie werkt via allerlei soorten artsen en genezers om je genezingsproces te leiden. Als je vanuit je ego denkt, blokkeer je de leiding naar de juiste genezing. Denk je vanuit liefde dan nodig je de kosmische energie uit om jou via anderen te genezen.

Neem deze helende benadering mee in je oefeningen van deze week en ik zal je helpen de grondoorzaak van alle ziekte en van alle destructieve gedragingen aan te pakken. Het zal je opluchten om deze problemen boven water te halen voor genezing, want dan weet je dat er een uitweg is uit je angstpatronen. Zie dat je geleid wordt en vertrouw erop dat de kosmische energie voor jou aan het werk is om je onjuiste percepties te helen en je te leiden naar alles wat je nodig hebt om je lichaam te genezen.

De cursus benadrukt dat een wonder een verschuiving is van vereenzelviging met je lichaam naar vereenzelviging met je ziel. Als je je gedachten overdraagt aan de zorgen van je innerlijke gids, zorgt die ervoor dat de beperkingen van het lichaam wegvallen en dat je bewustzijn van wonderen ontwaakt. Deze week zal ik je leiden om een beroep te doen op je *~ing* voor een verschuiving in waarneming van vereenzelviging met je lichaam naar vereenzelviging met je ziel, zodat je weer de juiste perceptie hebt van wie je werkelijk bent. Kijk maar eens welke fantastische dingen je de komende week kunt verwachten:

- **Dag vijftien** is opnieuw een oefening in getuige zijn. Ditmaal ga je de manieren onder de loep nemen waarop je ego angst op je lichaam heeft geprojecteerd. Zonder oordeel leer je hoe je angst je lichaamsbeeld heeft gecreeerd.
- Op **dag zestien** word je geleid om je over te geven aan de bereidheid je lichaam in een ander licht te zien. Die bereidheid opent je voor de oefeningen van de rest van de week. Je gaat de vergevende, liefdevolle aanwezigheid van je *~ing* uitnodigen om je daardoor te laten leiden, in plaats van door de onjuiste waarnemingen van het ego. Als je je ego tot gids kiest levert dat nog meer pijn en schuldgevoel op, terwijl je door voor je *~ing* te kiezen juist meer vreugde en liefde aantrekt. Een wonderdoener kiest voor haar *~ing* en ervaart wonderbaarlijke resultaten.
- Op **dag zeventien** help ik je om te kiezen voor een liefdevollere waarneming van je lichaam. We gaan je angsten omkeren en op een andere manier naar je lichamelijke zijn kijken. Je gaat ook het ware doel van je lichaam begrijpen.
- **Dag achttien** gaat weer helemaal over dankbaarheid als grondhouding. Je wordt geleid om te focussen op de dingen aan je lichaam waar je van houdt, waardoor je je juiste waarnemingen versterkt. Onthoud dat het ego wil dat jij je lichaam als afgescheiden ziet. Door dankbaar te zijn voor het ware doel van je lichaam, en dat is liefde uiten, maak je jezelf los van het speciaal-zijn van je lichaam en zie je het als één met alles en iedereen. Door dankbaarheid laat je een nieuwe waarneming van je lichaam ontwaken.
- Op **dag negentien** wijd je je eraan jezelf te vergeven voor de manieren waarop je je lichaam hebt behandeld. De oefeningen die je vandaag doet zijn enorm helend en zullen je rust geven over je gedachten en daden uit het verleden.
- Op **dag twintig** word je geleid om je vertrouwen in wonderen te laten ontwaken. Ik help je met oefeningen

die een kwantumverschuiving in de waarneming van je lichaam tot stand zullen brengen.
- Op **dag eenentwintig** sluit ik de oefeningen van de week af met zelfreflectie en voorbereiding. Daarna ga je je 's avonds voorbereiden op de week die komen gaat door de inleiding op het volgende hoofdstuk te lezen.

Dag voor dag breken we de lichaamsprojecties van je ego af en laten we je vertrouwen in wonderen ontwaken. Door je gedachten over je lichaam te helen, kan echte lichamelijke genezing plaatsvinden. Het werk van deze week leert je je lichaam te gebruiken om lessen te leren die je diepgaand zullen veranderen en liefde te geven aan de wereld.

Dag vijftien

Een nieuw spiegelbeeld

De oefening van vandaag biedt je een nieuwe perceptie van je lichaam die ver uitstijgt boven alles wat je altijd is geleerd te geloven. Je gaat snappen op welke manier je ego je lichaam heeft gebruikt als wapen om je gevangen te houden in de angstspiraal van afgescheidenheid en speciaal zijn. Onthoud dat de cursus leert dat het ego samenspant met het lichaam om je gevangen te houden in angst. Het ego vergelijkt je lichaam met dat van anderen, overtuigt je ervan dat het beter of slechter is dan dat van anderen, versterkt het speciaal-zijn en stimuleert je losmaking van onderlinge verbondenheid en liefdevol denken. Om het nog erger te maken gebruikt het ego het lichaam om je nog meer los te maken van de liefde door het geestelijk en lichamelijk te misbruiken en te kiezen voor een ongezond leven. Het overtuigt je ervan te denken dat je incompleet en eenzaam bent en zorgt er vervolgens voor dat je je mateloos overgeeft aan eten, drinken en seks, of je lichaam dat voor straf juist allemaal onthoudt.

De cursus benadrukt dat kiezen voor het ego een dwaze keuze is. Iedereen heeft op welke manier dan ook gekozen voor een dwaze overtuiging over zijn lichaam en gebruikt zijn lichaam daardoor zodat het ego er profijt van heeft. De kans is groot dat je op een gegeven moment verstrikt bent geraakt in een egoprojectie van je lichaam. Als je de diepere oorzaak daarvan niet begrijpt voel je je machteloos en zit je vast. Misschien heb je dat gevoel nu ook wel. Dan heb ik geweldig nieuws voor je! Ik ga je ego vandaag een kopje kleiner maken! Ik ga ervoor zorgen dat je begrijpt hoe je ego je lichaam aanvalt en ik zal je helpen de projecties van het ego los te laten door het ware doel van je lichaam te verwelkomen.

We beginnen de oefening van vandaag met een oefening in getuige zijn die je meer inzicht zal geven in de wijze waarop je ego ervoor heeft gezorgd dat jij opgescheept zit met een negatief lichaamsbeeld.

- Ochtendoverpeinzing **dag vijftien**

Maak het je gemakkelijk op je meditatieplek en adem in door je neus en uit door je mond. We gaan vandaag heel diep en het is belangrijk dat je weer net als afgelopen week goed voor jezelf zorgt om je door dit proces heen te loodsen. Neem er de tijd voor om de volgende ochtendoverpeinzing op je gemak door te lezen en blijf daarna een minuut in stilte zitten om de woorden tot je door te laten dringen.

Vandaag ga ik mijn keuze voor het op angst gebaseerde lichaamsbeeld van mijn ego onder de loep nemen. Ik ben eerlijk tegen mezelf over de manieren waarop ik mijn lichaam heb mishandeld met mijn gedachten, daden, eten, drugs en alcohol, et cetera. Ik veroordeel mezelf daarom niet, ik hou van mezelf omdat ik naar het ego kijk en licht over zijn duisternis laat schijnen. Vandaag ben ik een stap dichter bij de bevrijding van mijn lichamelijke angst en ik begin vol enthousiasme aan dit proces.

Affirmatie dag vijftien

MIJN ONJUISTE PERCEPTIES VAN MIJN LICHAAM ZIJN EEN AANVAL. VANDAAG KIES IK ERVOOR OM LIEFDE TE ZIEN IN PLAATS VAN DE PERCEPTIES VAN MIJN EGO.

De positieve bevestiging van vandaag is een simpele herinnering om getuige te zijn van de manier waarop je ego naar je lichaam kijkt. Gebruik deze affirmatie om momenten in te lassen om je houding tegenover je lichaam te checken. Zet de wekker op je telefoon dus op elk uur. Als die gaat en je herinnert aan je wondermoment, herhaal je de positieve bevestiging.

Gebruik je affirmatie vandaag telkens als je je ego op heterdaad betrapt. Herhaal die als je het volgende waarneemt:

1. Je vergelijkt je lichaam met dat van anderen.
2. Je merkt dat je te veel eet, te weinig eet of je overgeeft aan een andere vorm van negatief eetgedrag.
3. Je gebruikt je lichaam om je speciale projecties van jezelf te bevestigen. Ik geef een paar voorbeelden. Je gebruikt je lichaam om iets van iemand anders te krijgen, je pronkt met je lichaam om een beter gevoel over jezelf te hebben of je gebruikt je lichaam om positieve bevestiging van anderen te krijgen. Zeg op die momenten je affirmatie op en herinner jezelf eraan: *mijn onjuiste percepties van mijn lichaam zijn een aanval. Vandaag kies ik voor liefde in plaats van de percepties van mijn ego.*

Tijdens deze oefening begin je met getuige zijn waardoor je het ego in de schijnwerpers zet en heel duidelijk ziet dat het ernaast zit.

▪ Avondoefening **dag vijftien**

Nu je je affirmatie de hele dag telkens weer hebt herhaald, heb je meer inzicht gekregen in de manieren waarop je ego je lichaam heeft gebruikt om de angst in je leven te versterken. Je bent je misschien bewuster geworden van je verslavende patronen of je ziet voor het eerst hoe hard je voor jezelf bent. Elke keer dat je je ego naar voren roept en een chaotische gedachte noteert, zet je een nieuwe stap om je ervan los te maken. Getuige zijn van je ego is een van de waardevolste instrumenten van deze oefening. Vanavond gaan we het proces van getuige zijn nog verder verdiepen door een schrijfoefening.

Inventariseer in je dagboek alle manieren waarop je ego je lichaam heeft misbruikt. Beantwoord de volgende vragen:

- Wat zijn de angstige overtuigingen van mijn ego over mijn lichaam?
- Hoe beïnvloeden mijn negatieve gedachten mijn energie?
- Hoe heeft mijn ego me laten denken dat mijn lichaam speciaal is (beter dan/afgescheiden van dat van anderen)?
- In welk opzicht hebben mijn angsten uit het verleden mijn gedrag ten opzichte van mijn lichaam negatief beïnvloed? (Als je ego zich bijvoorbeeld vastklampt aan een angst uit het verleden om alleen te zijn, is de kans groot dat je je eenzaamheid vult met eten, seks, drugs, alcohol, et cetera.) Op welke manieren heeft de lichaamsperceptie van je ego uit het verleden je gedrag negatief beïnvloed?

Doe ter afsluiting van de dag deze oefening voor het slapengaan. Dat zal je helpen een belangrijk uitgangspunt uit de cursus te herkennen: 'Ziekte is woede afgereageerd op het lichaam zodat het pijn zal lijden.' Door negatief naar je lichaam te kijken (ziek, verslaafd, te dik, niet goed genoeg, et cetera) kies je ervoor de manier van kijken van je ego af te reageren op je lichaam, waardoor je je ego versterkt. De oefening van vanavond zal je helpen te zien hoe het ego je lichaam heeft gebruikt om meer oordeel, aanval, afscheiding en schuldgevoel te bekrachtigen.

Neem voor je gaat slapen tien minuten de tijd om te *~ing*-schrijven in je dagboek. Schrijf over alle manieren waarop je ego je ervan heeft overtuigd dat er iets mis is met je lichaam. Schrijf daarna over de manier waarop die manier van kijken van je ego je lichaam heeft beïnvloed. Door deze oefening laat je je onbewust leiden door je *~ing* om er getuige van te zijn hoe je ego angst op je lichaam heeft geprojecteerd en je er daardoor van heeft overtuigd dat er iets mis is.

Het proces van getuige zijn is ongelooflijk waardevol voor je spirituele groei. Waarom? Als je inziet dat je ego niet goed wijs is, word je wakker en weet je weer dat je angst in feite een illusie is.

Dag zestien

Mijn lichaam is licht

Tijdens de oefening van vandaag nodig je je *~ing* uit om tevoorschijn te komen en je te helpen de verkeerde lichaamsperceptie van je ego te helen. De cursus zegt: 'Waarnemen is consistent. Wat je ziet, weerspiegelt je denken en [...] we kiezen tussen illusies en de waarheid of pijn en vreugde of hel en hemel.' Die keuze waar de cursus naar verwijst is de beslissing om voor angst of voor liefde te kiezen. Door voor de stem van je ego te kiezen kies je ervoor om je lichaam te gebruiken als wapen tegen de liefde en om je geloof in afgescheidenheid te bevorderen. Als je ervoor kiest om je gedachten te laten sturen door je *~ing* word je juist geleid om liefde te zien en je lichaam te gebruiken als middel om meer liefde te geven. Dan word je een soort elektriciteitsstation. De energie die bij je binnenkomt zet je om in nog meer energie die vervolgens het leven van honderden, duizenden, zelfs miljoenen mensen verlicht. De oefening van vandaag is om erop te leren vertrouwen dat je *~ing* je zal helpen voor liefde te kiezen in plaats van voor angst.

Het basisdoel van de oefening van vandaag is opnieuw om je *~ing* uit te nodigen om de percepties van je lichaam te helen. De cursus zegt: 'Het lichaam lijkt in hoge mate zelfsturend en onafhankelijk, maar in feite reageert het alleen op de intenties van de geest... Als de geest daarentegen de bedoeling die de Heilige Geest (*~ing*) ermee heeft, aanvaardt [...] laat zijn milde licht alles vanuit een ander gezichtspunt zien...'

Je hoeft de problemen met je lichaamsbeeld en je angst niet zelf op te lossen, stop daar nu mee en nodig in plaats daarvan je *~ing* uit je naar nieuwe waarnemingen te leiden. Accepteer je *~ing* als de innerlijke stem die je terug zal brengen naar de liefde.

- Ochtendoverpeinzing **dag zestien**

Maak het je gemakkelijk op je meditatieplek en lees de tekst voor vanochtend hardop. Blijf daarna een minuut in stilte zitten en laat de woorden tot je doordringen.

Vandaag neem ik een belangrijke beslissing. Ik besluit mijn innerlijke gids mijn gedachten over mijn lichaam te laten leiden. Ik verwelkom de leiding van mijn ~ing *om me te helpen niet meer door de lens van mijn ego naar mijn lichaam te kijken. Ik verwelkom mijn* ~ing *om me te herinneren aan het ware doel van mijn lichaam, en dat is liefde en liefde delen.*

Affirmatie dag zestien

IK DRAAG MIJN LICHAAMSPERCEPTIE OVER AAN DE ZORGEN VAN MIJN INNERLIJKE GIDS. LAAT MAAR ZIEN WAT JE VOOR ME IN PETTO HEBT...

De positieve bevestiging van vandaag zal je helpen je waarneming te sturen. Zet je wekkertje vandaag op drie tijdstippen waarop je een korte pauze kunt nemen. Zeg op die wondermomenten simpelweg de affirmatie van vandaag op: ***ik draag mijn lichaamsperceptie over aan de zorgen van mijn innerlijke gids. Laat maar zien wat je voor me in petto hebt...***

Denk niet te veel over deze bevestiging na. Neem gewoon even de tijd als je wekkertje gaat om je affirmatie op te zeggen, dan volgt je innerlijke overgave vanzelf. Door deze affirmatie herhaal je je bereidheid om voor liefde te kiezen in plaats van voor angst; een heel eenvoudige keuze waardoor je op een andere manier naar je lichaam gaat kijken.

- Avondoefening **dag zestien**

De oefening van vanavond begint met een gebed. Neem even de tijd om op je meditatieplek te gaan zitten en steek een kaars aan. Zeg in de stilte het volgende gebed hardop:

Innerlijke gids, bedankt dat je me helpt mijn onjuiste lichaamsperceptie los te laten. Ik erken dat ik de verkeerde keuze heb gemaakt en vandaag kies ik ervoor mezelf die keuze te vergeven. Ik kies ervoor dat jouw liefdevolle stem de angstige waarnemingen van mijn ego vervangt. Ik kies ervoor om me door jou te laten leiden om mijn lichaam te gebruiken als middel voor spirituele groei en om de wereld te dienen.

Luister na dit gebed een tijdje naar je innerlijke gids. Via meditatie ga ik je openen om je bewust te worden van je innerlijke leiding en om je *~ing* door je heen te laten komen. Volg de geleide meditatie hieronder of luister naar de audiomeditatie op www.gabbyb.tv/meditate. Blijf na het mediteren in stilte zitten en luister. Laat je *~ing* naar voren komen en je leiden naar een andere manier van naar je lichaam kijken.

Bereidheidsmeditatie

- Ga comfortabel zitten op je meditatieplek.
- Ga rechtop zitten met je handpalmen omhoog.
- Adem diep in door je neus en uit door je mond.
- Blijf tijdens de hele meditatie zo ademen.
- Adem in: *innerlijke gids, ik verwelkom je liefdevolle perspectief om me de weg te wijzen.*
- Adem uit: *ik laat mijn ego nu los.*
- Adem in: *ik ben bereid vanuit liefde naar mijn lichaam te kijken.*
- Adem uit: *ik kies ervoor mijn angst los te laten.*
- Herhaal deze mantra's met elke in- en uitademing.

Laat deze woorden tot je doordringen en vertrouw erop dat je de band met je innerlijke gids tot leven wekt.

Blijf daarna in stilte zitten en laat je leiden door de stem van je ziel.

Dag zeventien

Wat verkies ik in de spiegel te zien?

Vandaag help ik je om te kiezen voor een liefdevollere manier van kijken naar je lichaam. Ik heb je al uitgelegd dat de onjuiste percepties van het ego niet echt zijn en dat, als je je helemaal overgeeft aan dat idee, je er klaar voor bent om terug te keren naar de liefde. De oefening van vandaag is gebaseerd op les 199 van *Een cursus in wonderen*: 'Ik ben geen lichaam. Ik ben vrij.' De oefening om te kiezen voor de lichaamsperceptie van je *~ing* zal je helpen de visie van je ego los te laten.

Deze oefening is voor je ego misschien lastig te begrijpen. Zoals de cursus zegt: 'Het is voor jouw vorderingen in deze cursus van wezenlijk belang dat je het idee van vandaag accepteert en koestert. Maak je er geen zorgen over dat het ego dit onzinnig vindt. Het ego koestert het lichaam omdat het erin leeft en zich heeft verbonden met het huis dat het gemaakt heeft. Het maakt deel uit van de illusie die het heeft afgeschermd tegen de ontdekking dat het zelf een illusie is.' Deze passage herinnert je eraan dat het ego zich tegen dit werk zal verzetten om je gevangen te houden in de illusie dat het lichaam afgescheiden en speciaal is, terwijl de spirituele waarheid juist is dat we allemaal één zijn. Laat vandaag je innerlijke gids naar voren komen en je leiden om je te openen voor een nieuwe manier van kijken.

In de oefening van vandaag draag je opnieuw de onjuiste perceptie van je ego over aan de juiste perceptie van je *~ing*. Als je voor je *~ing* kiest in plaats van voor je ego, herinner je je dat je een ziel bent in een menselijke ervaring en gebruik je je lichaam als leermiddel om je spirituele vertrouwen te vergroten.

▪ Ochtendoverpeinzing **dag zeventien**

Neem vanochtend je tekst mee naar de spiegel. Vandaag lees je die hardop aan jezelf voor terwijl je in de spiegel kijkt. Kijk als je er klaar mee bent een minuut naar je eigen spiegelbeeld.

Vanochtend doe ik een beroep op mijn innerlijke gids om me te helpen met nieuwe ogen te kijken. In deze spiegel zie ik mijn waarheid weerspiegeld. De angstige projecties van mijn ego zie ik niet meer, in plaats daarvan kies ik ervoor om licht te zien. Ik zie een prachtige bal van gouden licht boven mijn hoofd. Dat stroomt over mijn lichaam heen. Mijn lichaam baadt in het licht.

Affirmatie dag zeventien

IK BEN GEEN LICHAAM. IK BEN VRIJ.

Als je vandaag ziet dat je door de bril van je ego kijkt, zeg dan simpelweg hardop: 'Ik ben geen lichaam. Ik ben vrij.'
Ik merk dat als ik affirmaties hardop zeg de woorden meer kracht krijgen. Gebruik deze positieve bevestiging om een wonderzaadje voor een nieuwe intentie te zaaien.
Misschien begrijp je eerst niet waar dit over gaat; dat maakt niets uit. Als het verwarrend is voor je ego is dat juist een goed teken, omdat alles wat krankzinnig is voor je ego juist verstandig is voor je *~ing*. ***Fake it till you make it*** en laat gewoon je ***~ing*** het roer overnemen.

▪ Avondoefening **dag zeventien**

Vanavond leid ik je in een meditatie die je laat kennismaken met een les in *Een cursus in wonderen* waarin de boodschap is dat God in ons allemaal een lichtvonkje heeft geplaatst. Wanneer we ons bewuster worden van dat licht in ons, wordt het groter en sterker. Als het groeit beginnen we ons los te maken van het lichaamsbeeld van ons ego en worden we ons bewust van het ware licht in onszelf. Laten we beginnen met het proces door jouw licht opnieuw te ontsteken!

Volg mijn geleide meditatie hier of ga naar www.gabbyb.tv/meditate om de audiomeditatie te downloaden.

Lichtvonkmeditatie

- Ga in bed liggen met je handpalmen omhoog.
- Adem diep in door je neus en uit door je mond.
- Blijf tijdens het mediteren zo ademhalen.
- Stel je in je hart een prachtig vonkje van gouden licht voor.
- Dat vonkje gaat helderder schijnen als je inademt.
- En het wordt groter als je uitademt.
- Adem in en stel je voor dat het licht helderder schijnt.
- Adem uit en het licht wordt groter.
- Blijf zo ademhalen en geniet van de lichtshow...

Dag achttien

Ik zet mijn dankbaarheid aan!

De oefening van vandaag is weer een radicale stap richting liefdevol naar je lichaam kijken. Je concentreert je op datgene waarvan je houdt aan je lichaam, want dat zal je juiste manier van kijken versterken. Bedenk dat het ego wil dat je je lichaam als afgescheiden ziet. In plaats daarvan kies je er vandaag voor om je lichaam als even speciaal te zien als andere lichamen, vanuit dankbaarheid. De oefening van vandaag herinnert je aan het ware doel van je lichaam: de liefde belichamen en op die manier een boodschapper van de liefde zijn. Als je dat onthoudt, zul je dankbaar zijn voor je lichaam, waardoor je je losmaakt van speciaal zijn, van aanval en oordeel. Dankbaarheid voor het ware doel van je lichaam maakt je bewust van een nieuwe perceptie en laat alle valse illusies los.

Dit is echt een fantastisch onderdeel van de oefening. Toen ik het begon toe te passen hield ik meteen meer van mijn lichaam, ging ik er beter voor zorgen en liet ik de nare ideeën van mijn ego los. Er vindt een wonderbaarlijke verschuiving plaats als je je doel verbindt met je verlangen om liefde te delen. Sta jezelf dus niet langer in de weg en maak ruimte voor wonderen!

- Ochtendoverpeinzing **dag achttien**

De overpeinzing van vanochtend is de katalysator voor een dag van grote transformatie. Maak het je gemakkelijk op je meditatieplek en lees de ochtendtekst hardop aan jezelf voor. Blijf daarna in stilte een minuut zitten en laat die tot je doordringen.

Vandaag accepteer ik het ware doel van mijn lichaam. Ik ben hier om dit lichaam te gebruiken om te leren hoe ik meer verbonden kan raken met de liefde. Mijn lichamelijke genezing geeft me energie om meer te kunnen dienen. Ik accepteer mijn lichaam als middel om meer licht met de wereld te delen.

Affirmatie dag achttien

IK BEN DANKBAAR VOOR MIJN LICHAAM.

De affirmatie van vandaag gaat vergezeld van een oefening. Maak wat tijd voor jezelf vrij en doe de volgende meditatie. Ga tijdens de lunchpauze comfortabel zitten (het liefst alleen), misschien in een park of achter je bureau; zoek een plek waar je niet wordt afgeleid. Kies het lekkerste hapje van je lunch en doe het voorzichtig in je mond. Roep je positieve bevestiging op in je geest: ***ik ben dankbaar voor mijn lichaam***. Proef daarna een minuut lang (proef het echt!) het eten dat je in je mond hebt. Kauw het minimaal dertig keer en laat de heerlijke smaak tevoorschijn komen. Geniet ervan en concentreer je echt op dit moment.

Doe deze oefening bij alles wat je lichamelijk ervaart. Als je naar de sportschool gaat, neem dan even de tijd om te zeggen 'ik ben dankbaar voor mijn lichaam' en rek je spieren een minuut lang intensiever dan je anders zou doen. Je kunt deze bevestiging zelfs in je seksleven gebruiken. Veel mensen zijn totaal losgezongen van hun seksuele energie. Deze oefening helpt je daarmee weer in verbinding te komen. Grijp terug op deze bevestiging tijdens je volgende seksuele contact en zeg tegen jezelf (of hardop): 'Ik ben dankbaar voor mijn lichaam.' Land in je lichaam en geniet op een volkomen nieuwe manier van seks. Deze oefening van je affirmatie opzeggen en landen in je lichaam is bedoeld om meer in dit moment te zijn en te genieten van de mooie dingen van het leven.

▪ Avondoefening **dag achttien**

Pak je dagboek voor de oefening van vanavond. Hierdoor ga je beter begrijpen dat de aanwezigheid van angst niet meer is dan de afwezigheid van liefde. Deze oefening is in het begin misschien lastig te bevatten, maar doe die gewoon. Het moet een gewoonte voor je worden om angst te zien als iets wat echt lijkt maar nergens op slaat. Maak een lijstje van alle manieren waarop de angst van je ego het kijken naar je eigen lichaam heeft beïnvloed. Schrijf achter elke op angst gebaseerde projectie je reactie vanuit je vertrouwen in wonderen.

Voorbeeld 1
Angstige gedachte: *ik ben bang dat ik nooit zal afvallen en ik voel me niet verbonden met de wereld.*
Reactie vanuit je vertrouwen in wonderen: *ik herken die angstige gedachte als mijn ego. Ik nodig mijn innerlijke gids uit om die gedachte te veranderen en me eraan te herinneren dat mijn lichaam liefde is en dat ik één ben met de wereld.*

Voorbeeld 2
Angstige gedachte: *ik ben eetverslaafd. Ik voel me zo leeg dat ik mezelf met iets moet vullen. Ik kom nooit meer over die verslaving heen.*
Reactie vanuit je vertrouwen in wonderen: *mijn verslaving wordt gevoed door angst. Ik draag die over aan de zorgen van mijn innerlijke gids en verwelkom steun. Ik accepteer dat ik heb gekozen voor de onjuiste percepties van mijn ego en nu kies ik van moment tot moment anders.*

Deze oefening is geen kwestie van zoeken naar de juiste reactie. Je hoeft er niet over in te zitten of je wel exact de juiste woorden vindt. Het gaat om loslaten en toelaten dat je *~ing* tijdens het schrijven doorkomt. Je innerlijke gids heeft altijd een liefdevolle reactie. Je hoeft niets meer te doen dan om hulp te vragen: dan komt de liefde tevoorschijn. Schrijf dus gewoon je angstige perceptie van je lichaam op en nodig vervolgens je *~ing* uit om te reageren.

Lees om de dag af te sluiten voordat je naar bed gaat het volgende gebed (of zeg het hardop):

> *Innerlijke gids, ik verwelkom je steun. Bedankt dat je me naar de juiste perceptie van mijn lichaam hebt geleid. Bedankt dat je mijn verkeerde overtuigingen en verslaving aan angst hebt geheeld. Bedankt dat je me herinnert aan de bedoeling van mijn lichaam. Bedankt dat je mijn gids bent.*

Laat je door dit gebed naar overgave leiden. Als je in bed gaat liggen om uit te rusten laat dan je *~ing* tevoorschijn komen en zijn werk doen. Laat de liefde door je heen stromen en je in je slaap leiden. Laat los, laat toe en laat je leiden.

Dag negentien

De mist binnenstebuiten gekeerd

Vandaag gaan we er weer stevig tegenaan met vergeving. Dat is dé manier om je ego's lichaamsangsten los te laten en je over te geven aan wonderen. Vergeving helpt je om niet langer een afkeer van je lichaam te hebben en het als slecht te zien, maar het als liefde en licht te ervaren. Vergeving helpt je ook om je woede, aanval en wrok tegenover jezelf en anderen los te laten. De cursus zegt: 'Als je de mist geen macht geeft om het licht te versluieren, dan heeft die geen macht.' En dat is ons doel voor vandaag: de macht verzwakken die we aan de mist van het ego hebben gegeven en ruimte maken voor het licht.

Als je wrok koestert tegen iemand die je lichaam heeft misbruikt of als je boos bent op jezelf of jezelf pijn toebrengt, is vergeving van groot belang. Blijf je namelijk rancuneus, dan ga je die negatieve ervaring telkens weer herhalen. Als die ervaringen ongeheeld blijven, gaat het ego zich afreageren om de pijn van vroeger te verdoven. Door vergeving kun je dat egogedrag stoppen en jezelf van het verleden bevrijden. Ook al denk je dat je er niet aan toe bent om te vergeven, stel je door de oefening van vandaag open voor die mogelijkheid. We brengen de bal aan het rollen met de ochtendoverpeinzing en gaan dan aan de slag met vergeving.

- Ochtendoverpeinzing **dag negentien**

De tekst van vanochtend is een statement aan de kosmos. De kans is groot dat vergeven iets lijkt wat totaal niet binnen je bereik ligt. Daarom helpt de overpeinzing van vanochtend je om verbinding te leggen met het kleine beetje bereidheid dat je in je hebt om te vergeven. Ga op je meditatieplek zitten en neem even de tijd om de tekst hardop voor jezelf voor te lezen. Blijf daarna een minuut in stilte zitten en laat de woorden tot je doordringen.

Vergeving heelt mijn onjuiste percepties van mijn lichaam. Door vergeving breng ik mijn geest terug naar de liefde. Vandaag geef ik niet langer macht aan de mist die me in het duister heeft gehouden. In plaats daarvan laat ik door vergeving licht over mijn lichaam schijnen en word ik me bewust van een nieuw perspectief.

Affirmatie dag negentien

DOOR VERGEVING KIJK IK NU WEER OP EEN LIEFDEVOLLE MANIER NAAR MIJN LICHAAM.

Door vergeving kun je het gedrag van je ego afleren en je geest weer op liefde afstemmen. De affirmatie van vandaag helpt je weer op de juiste manier naar je lichaam te kijken door je bewust te worden van je verlangen om te vergeven. Onthoud dat je het niet alleen hoeft te doen. Elke keer dat je deze bevestiging zegt, nodig je je ~***ing*** uit voor genezing. Zet dus je wekkertje om jezelf daar vandaag drie tot vijf keer op attent te maken en de affirmatie tijdens je wondermomenten op te zeggen: 'Door vergeving kijk ik nu weer op een liefdevolle manier naar mijn lichaam.'
Denk niet te veel over deze bevestiging na. Vertrouw erop dat je door dit statement te bevestigen het vergevingsproces op gang brengt, je vertrouwen in de liefde bevestigt en de mist van je ego laat verdampen.

▪ Avondoefening **dag negentien**

Deze oefening sluit precies aan op wat de cursus van zijn studenten vraagt: hun *~ing* uitnodigen in het proces van vergeving. Het leuke daarvan is dat we ons niet zelf het hoofd hoeven te breken over hoe we moeten vergeven. Het enige wat we hoeven te doen is onze wrok naar onze *~ing* brengen en om liefdevolle leiding vragen.

De vergeving van onze innerlijke gids vraagt ons bereid te zijn alle niet-liefhebbende gedachten helemaal los te laten. Maar de 'leraar' die we hebben omarmd, ons ego, geeft ons het gevoel dat het heel gevaarlijk is om dat te doen. Om de onjuiste percepties van ons ego achter ons te laten moeten we elk geheim dat we in het duister hebben bewaard naar onze *~ing* brengen voor genezing. Als wij dat vragen, zal onze *~ing* samen met ons naar de duisternis kijken en die wegschijnen. Onze innerlijke gids zal ons helpen inzien dat de gekwetstheid die we voelden gebaseerd was op een onjuiste interpretatie. Dan leren we dat de duisternis van ons ego niet kan samenleven met het licht van onze *~ing*.

Vandaag gaan we de donkerste geheimen van je ego blootleggen voor je *~ing*, zodat je je ervoor kunt openstellen om jezelf en je onjuiste percepties te vergeven. Tijdens deze oefening schrijf je een brief aan je innerlijke gids. Wees open en eerlijk over alle manieren waarop je gekozen hebt voor het onjuiste lichaamsbeeld van je ego. Vertel je donkerste geheimen over je lichaam en weet dat ze veilig zijn bij je *~ing*. Je gaat tien minuten *~ing*-schrijven aan die brief. Laat je waarheid maar op het papier stromen. Sluit de brief af door je *~ing* om leiding en steun te vragen. Geniet van het zuiverende gevoel dat je je geheimen toevertrouwt aan het papier en vertrouw erop dat je *~ing* je steunt. Weet dat je wordt geleid.

De vroege avondoefening heeft je een stap dichter bij het verbinden van je gedachten met je *~ing* gebracht. Door je geheimen en je ego aan je innerlijke gids te laten zien, verzwak je de kracht ervan. En dat versterkt op zijn beurt weer je vertrouwen in de liefde, omdat je met de ogen van je *~ing* gaat kijken in plaats van die van je ego. De cursus zegt: 'Met Hem [je ~ing] kijken zal je laten zien dat alle betekenis, inclusief die van jezelf, niet voortvloeit uit dubbelzien, maar uit het zachte versmelten van alles in één betekenis, één emotie en één doel.' Dat is waar we dit allemaal voor doen. Het doel is je gedachten te laten versmelten met de liefde van je *~ing*, zodat liefde het enige is wat je verkiest te zien.

We sluiten de oefening van vandaag af met een ander gebed tot je innerlijke gids. Lees dat voordat je gaat slapen.

Innerlijke gids, bedankt dat je me helpt mijn angst los te laten. Bedankt dat je me leidt naar de juiste perceptie van mijn lichaam. Ik kies ervoor mijn gedachten te laten versmelten met liefde. Ik vergeef mijn angsten en accepteer je leiding.

Dag twintig

Het wonder van je lichaam

Laat ik ermee beginnen te zeggen dat je het fantastisch doet! Wat we deze week doen is een beetje verwarrend voor je ego en ik heb er veel respect voor dat je het volhoudt... dus geef jezelf een schouderklopje en zeg tegen jezelf: 'Goed gedaan, meid!' Alles wat je deze week hebt gedaan heeft je voorbereid op vandaag. Ik hoop dat de oefening van vandaag de wereld van je ego echt op zijn grondvesten laat schudden. De nadruk van elke oefening van vandaag is accepteren wat het echte doel van je lichaam is: liefde zijn en liefde uiten.

Vandaag gaan we ervoor zorgen dat je ego uit zijn comfortzone komt. Een goede zaak! Als je het ware doel van je lichaam accepteert, namelijk dat je een boodschapper van de liefde bent, zul je waarschijnlijk een wonderbaarlijke verandering bespeuren. Onthoud dat het wonder een verschuiving is van vereenzelviging met het lichaam naar vereenzelviging met de kosmische energie. Je zult je gaan realiseren, al is het maar even, dat je hier niet bent als apart lichaam onder de lichamen, maar als ziel onder de zielen. Door je *~ing* om hulp te vragen maak je je los van het ego en word je geleid om je lichaam te gebruiken als middel om liefde te delen met de wereld.

Het accepteren van het echte doel van mijn lichaam heeft me geholpen gelukkig te zijn en geeft me het gevoel dat ik een doel heb. Elke keer dat ik het podium op moet om een lezing te geven, bid ik tot mijn *~ing*: 'Innerlijke gids, spreek alsjeblieft via mij en gebruik mijn lichaam als een medium voor de liefde.' Dat simpele gebed herinnert me eraan dat een lezing houden voor honderden mensen niet over míj gaat maar over het feit dat ik een boodschapper van de liefde ben. Doordat ik mijn *~ing* vraag via mij te spreken, word ik een medium voor een liefdevolle boodschap. Vaak weet ik niet eens precies wat ik zeg, mijn handen worden gevoelloos en ik voel de energie door mijn lichaam stromen. Mijn woorden rollen er zomaar uit en ik voel me diep verbonden met het publiek. Door dat simpele gebed word ik meteen herinnerd aan de bedoeling van mijn lichaam en laat ik mijn ego achterwege.

Jij bent ook een boodschapper van de liefde. Laten we er dus mee beginnen het lichaamsbeeld van je ego in de schijnwerpers te zetten.

- Ochtendoverpeinzing **dag twintig**

De tekst van vanochtend zet de toon voor de rest van de oefeningen van vandaag. Steek speciaal voor deze oefening een kaars aan om je oude overtuigingen te verbranden en licht te laten schijnen op je pad. Ga op je meditatieplek zitten, steek een kaars aan en lees de volgende tekst hardop. Blijf daarna een minuut in stilte zitten om de liefde tot je door te laten dringen.

Vandaag accepteer ik het echte doel van mijn lichaam. Ik accepteer dat mijn lichaam een instrument is om liefde te uiten. Terwijl ik de manier van kijken naar mijn lichaam heel, realiseer ik me dat ik een instrument ben om liefde te delen met de wereld. Mijn heling zal zich voortzetten in de wereld.

Affirmatie dag twintig

IK ACCEPTEER HET ECHTE DOEL VAN MIJN LICHAAM.

IK ACCEPTEER DAT IK EEN BOODSCHAPPER VAN DE LIEFDE BEN.

We gaan het vandaag groots aanpakken met de positieve bevestiging. Zet je wekkertje op elk uur. Als de affirmatie verschijnt op je mobieltje of computerscherm, neem er dan even de tijd voor om het volgende te doen:

- Adem in en voel alle gevoelens die over je heen komen.
- Zeg je affirmatie hardop of in je hoofd op.
- Haal nog een keer diep adem en kijk of er een emotionele verschuiving plaatsvindt.
- Schrijf exact op hoe je je voelt nadat je deze bevestiging hebt uitgesproken.

Deze oefening is van onschatbare waarde omdat die je helpt aandacht te besteden aan de manier waarop je affirmaties je energie direct kunnen veranderen. Al verandert er maar een heel klein beetje energie in je, dan is dat een wonder. Besteed aandacht aan de kracht van elke intentie die je uit. Hoe meer je de bedoeling van je lichaam gaat accepteren, hoe meer energetische veranderingen je zult waarnemen. Sta stil bij de wonderen.

▪ Avondoefening **dag twintig**

De bevestigingsoefening was bedoeld om je te laten zien hoe je je energie kunt veranderen als je je verbindt met je doel. De oefening van vanavond versterkt de overtuiging dat je vanuit positief denken en liefde als doel je energie kunt veranderen en jezelf bevrijdt van de onvrede van je ego. We gaan nog een stapje verder; ik nodig je uit om je affirmatie te combineren met een ademhalingsoefening. We maken daarbij gebruik van de mantra: 'Ik accepteer het echte doel van mijn lichaam. Ik accepteer dat ik een boodschapper van de liefde ben.'

- Adem in: *ik accepteer het echte doel van mijn lichaam.*
- Adem uit: *ik accepteer dat ik een boodschapper van de liefde ben.*
- Adem in: *ik accepteer het echte doel van mijn lichaam.*
- Adem uit: *ik accepteer dat ik een boodschapper van de liefde ben.*
- Adem in: *ik accepteer het echte doel van mijn lichaam.*
- Adem uit: *ik accepteer dat ik een boodschapper van de liefde ben.*

Doe deze ademhalingsoefening vijf minuten lang. Als je ermee klaar bent, schrijf dan in je dagboek hoe je je voelt. Accepteer ook alle andere gedachten die bij je opkomen. Laat je *~ing* tevoorschijn komen en zet op papier wat er in je onbewuste leeft.

Dag eenentwintig

Reflectie en voorbereiding

We sluiten de oefeningen van deze week af met zelfreflectie en voorbereiding.

- Ochtendoverpeinzing **dag eenentwintig**

Lees je oefeningen van deze week nog een keer door. Wees trots op het werk dat je hebt verzet. Want zo gemakkelijk is het niet om over het verkeerde lichaamsbeeld van je ego heen te komen. Elke dag opnieuw zul je een nieuwe waarheid leren kennen. Thich Nhat Hanh, een van mijn favoriete leraren, heeft gezegd: 'Mensen vinden het moeilijk om hun lijden los te laten. Uit angst voor het onbekende geven ze de voorkeur aan het lijden dat hun vertrouwd is.' Laat dit tot je doordringen en geef jezelf erkenning voor het feit dat je het onbekende bent binnengestapt en je bewust bent geworden van je vertrouwen in wonderen.

- Avondoefening **dag eenentwintig**

De oefeningen van deze week komen goed van pas als we beginnen aan Week vier. Lees voor je gaat slapen de inleiding op Week vier en bereid je voor op wonderen in je relaties. Onthoud dat je lichaam een instrument is voor spirituele groei en ontwikkeling. Gebruik je lichaam om liefde te uiten en je relaties zullen ingrijpend veranderen. Geniet van de wonderen.

Week vier
Relaties

De liefde voor God breng je in praktijk door van een ander mens te houden.
– Olivia Harrison

Ik weet zeker dat de meeste mensen die mijn boeken lezen of mijn lezingen bezoeken dat doen na een mislukte relatie. Of het nu gaat om de relatie met een zakenpartner, een vriend of vriendin, een familielid of een oude liefde, het ego roert zich vooral in wankele relaties.

Op ego gebaseerde relaties zijn een nachtmerrie. Als je relaties worden geregeerd door angst komt er allerlei ellende naar boven: jaloezie, oordeel, aanval, boosheid en onnodige rancune. Zoals je leerde in Week drie gebruikt het ego het lichaam om nog meer afgescheidenheid te creëren in je relatie met anderen. Als je jezelf als een afgescheiden lichaam ziet, ga je jezelf onvermijdelijk als beter of minder beschouwen dan een ander, waardoor wat de cursus de 'speciale relatie' noemt ontstaat. De basis van de speciale relatie is anderen als afgescheiden en anders te zien. We denken gek genoeg dat 'speciaal' goed is. Maar 'speciaal zijn' impliceert hier beter of minder zijn dan anderen, wat ons geloof in afgescheidenheid van de eenheid versterkt. In de speciale relatie wordt er flink veroordeeld, aangevallen, verafgood en vergeleken. En wat je ook doet – of je de ander veroordeelt of jezelf – je zit in dezelfde nachtmerrie van het ego. De cursus leert dan ook dat anderen veroordelen hetzelfde is als jezelf veroordelen. Omdat de cursus uitgaat van het perspectief dat we allemaal één zijn, betekent iemand veroordelen hetzelfde als iedereen veroordelen, inclusief jezelf.

We maken relaties allemaal op allerlei manieren speciaal. Denk maar aan de speciale vriendschapsrelatie met iemand die we als onze beste vriendin beschouwen, iemand van wie we heel veel verwachten. Of de speciale ouderrelatie, waarin we onze vader of moeder verafgoden en altijd proberen aan zijn of haar verwachtingen (of wat we denken dat zijn of haar verwachtingen zijn) te voldoen. Of de speciale werkrelatie, waarin we onze baas of collega op een voetstuk zetten en zijn of haar goedkeuring en bevestiging nodig hebben om ons goed genoeg te voelen. (Of onszelf bijzonderder maken dan de mensen die we in dienst hebben.) Dat zijn nog maar een paar voorbeelden van de manier waarop het speciaal-zijn van ons ego tot afgescheidenheid leidt.

En dan hebben we de grootste speciale relatie nog, de McSpecial, de akeligste truc die het ego in petto heeft: de speciale liefdesrelatie. Wedden dat je die maar al te goed kent? De liefdespartner van wie je dacht dat die het antwoord was op al je problemen, de sleutel tot je geluk... alleen werd die relatie verbroken op een pijnlijke manier, die je al meer dan tien jaar telkens weer afspeelt in je hoofd. Klinkt bekend? Oké, misschien overdrijf ik het een beetje, maar ik denk dat ik er niet veel naast zit. Ik weet dat iedereen zo'n egokwelling weleens heeft ervaren, want de romantische liefde is de ultieme troef van het ego.

De speciale liefdesrelatie laat je sidderen van geluk, omdat je ego je ervan overtuigt dat deze speciale persoon je zal redden. Je ego vervangt de goddelijke liefde in je door de speciale liefdesrelatie die je uit films of uit de bladen kent. De speciale liefdesrelatie is gebaseerd op de veronderstelling dat iets buiten je je kan vullen of een compensatie kan zijn voor dat wat innerlijk lijkt te ontbreken. Het is nooit goed om je innerlijke aanwezigheid van kracht en liefde te vervangen door één speciaal idool. Maar de liefde zien die je in je hebt, kan je wel echte kracht geven. De wereld van het ego leert dat er een scheiding is tussen alle speciale relaties: de speciale vriendschapsliefde, de speciale romantische liefde, de speciale familieliefde en de speciale werkliefde. Het ego kan liefde aan de ene persoon geven en die een ander volkomen ontzeggen. Die houding van het ego is een spiraal die de losmaking van Gods ene liefde verdiept en het geloof in afgescheidenheid vergroot.

Speciale liefde is gebaseerd op afhankelijkheid en gebrek. Het ego overtuigt je ervan dat je alleen bent, waardoor je wanhopig op zoek gaat naar een ander die je 'compleet' maakt. Je gevoel van gebrek komt voort uit je diepe gevoel van afgescheidenheid van je echte spirituele identiteit. Omdat je denkt dat die toestand van gebrek je realiteit is, zoek je speciale relaties om je het gevoel te geven dat je heel bent. Hoe hard je ook je best doet, je zult dat gevoel van heelheid nooit bereiken omdat speciale liefde chaos en verdeeldheid veroorzaakt. Je speciale liefdesrelaties leiden tot jaloezie, afgunst en een permanente verlatingsangst. De speciale relatie is gebaseerd op neurotische, angstige romantiek; het belangrijkste wapen van het ego om je in het duister te houden. Zo heeft je ego je er misschien van overtuigd dat je niet goed genoeg bent zonder je speciale partner. Door die overtuiging ben je als de dood om die ene speciale liefde te verliezen, waardoor je probeert de relatie onder controle te houden zodat die goed blijft. Misschien ben je woedend als je partner met iemand anders praat of maak je je continu zorgen of je partner wel echt van je houdt. De speciale relatie kan je op allerlei manieren helemaal gek maken. En kan er zelfs toe leiden dat jullie constant bonje hebben doordat je je angst op je speciale partner projecteert.

Als je denkt dat je al je geluk in de armen van een speciale partner zult vinden, zul je gegarandeerd teleurgesteld raken. De speciale liefde werkt niet, punt uit. Kijk er eens op deze manier naar: wat gebeurt er als mijn afgod de relatie beëindigt? Dan droogt je bron van geluk en verlossing op en zal je ego je ervan overtuigen dat je niet veilig bent. Het is een patroon dat maar al te vaak optreedt en een van de slimste trucs van het ego om ons in het duister te houden.

Het ego is heel onverzoenlijk in relaties. Als het ergens een aanval waarneemt, reageert het door zelf meteen ook in de aanval te gaan. Zo'n soort egopatroon kan jaren – zelfs levenslang – doorgaan. Als we ons niet bewust zijn van de angst van ons ego, zal vergeving niet snel bij ons opkomen. Waardoor we blijven vastzitten in het patroon van aanvallen vanuit de gedachte dat we onszelf daarmee beschermen om niet gekwetst te worden. Terwijl we in werkelijkheid alleen ons ego beschermen. Als we ons vastklampen aan oude wrok in nieuwe relaties, blijven we dat negatieve herhalen; we blijven elke dag weer in de slachtofferrol hangen. Dan nemen we wrok mee in nieuwe ervaringen, waardoor we nog meer onschuldige mensen blootstellen aan onze verwijten en twijfel. De behoefte van het ego om in alle situaties gelijk te hebben, berooft ons van onze energie en houdt ons gevangen in een spiraal van angstige zinsbegoocheling.

Ik heb veel geweldige lessen geleerd die voor mij hebben bevestigd dat gelukkig zijn altijd veel beter is dan gelijk hebben. Ik geef hier een voorbeeld. Ik heb een lerares die ik enorm respecteer en bewonder en ik maakte mijn relatie met haar speciaal. Ik verafgoodde haar op een ongezonde manier. Die vrouw zei in het openbaar iets over me wat mij erg van streek maakte. Mijn eerste reactie was om mezelf te beschermen en in de aanval te gaan. Ik belde een paar vrienden op om me te beklagen en uit te huilen, waarna ik bezwoer dat ik nooit meer een woord tegen haar zou zeggen. Ik viel haar dan wel niet rechtstreeks aan met mijn woorden of daden, maar in gedachten was ik daar constant mee bezig. Die innerlijke onrust duurde een paar weken.

Als wonderdoener weet ik heel goed hoe het ego reageert op het gevoel dat het wordt aangevallen. De cursus leert dat het ego meteen zijn mond opentrekt, heel luid zijn mening laat horen en de redelijkheid de mond snoert en het zwijgen oplegt. Ook mijn ego was er als de kippen bij met zijn megafoon en een moker in de hand. Die reactie sloopte me. Toen het langer duurde keek ik welke invloed die wrok op mijn energie en geluk had. Mijn behoefte om gelijk te hebben stond elke kans om te vergeven of los te laten in de weg.

Een cursus in wonderen vraagt: 'Wat wil je liever: gelijk hebben of gelukkig zijn?' Het is duidelijk dat het een liefdevolle reactie is als je voor geluk kiest in plaats van voor de behoefte van het ego om gelijk te hebben. Maar geluk is soms moeilijk te bereiken als je van mening bent dat je diep onrecht is aangedaan.

Gebrek aan vergevingsgezindheid kan ons op allerlei akelige manieren schade berokkenen. Als het ego ons in de weg staat om te vergeven, nemen we onvermijdelijk een bepaalde angstige identiteit aan. Hier volgen een aantal persoonlijkheidskenmerken die we oppikken als het ego onverzoenlijk blijft.

Het eeuwige slachtoffer: als we niet bereid zijn te vergeven, worden we elke dag weer wakker met het gevoel een slachtoffer te zijn. We klampen ons vast aan pijn en wrok uit het verleden, en blijven die in onze geest herhalen. Die automatische herhaling bevestigt de illusie van het ego en versterkt ons beeld dat we een slachtoffer zijn. Uiteindelijk gaan we ons zo identificeren met de rol van slachtoffer dat dat die dynamiek in al onze relaties is.
De boze bokser: als ons ego het gevoel heeft aangevallen te worden, is de eerste reactie terugslaan. Het ego gelooft in angst en denkt dat wij de speelbal zijn van een wrede wereld. Dus heeft het zijn bokshandschoenen altijd bij zich en is het steevast op zijn hoede om een aanval te kunnen afslaan. Die defensieve gedachten en energie straalt de bokser uit, wat onvermijdelijk tot nog meer negatieve ervaringen leidt. Een gevaarlijke spiraal.
Gesloten en afgeschermd: de reactie van mensen wier ego hen ervan heeft overtuigd dat ze zich moeten afsluiten van de wereld om niet opnieuw gekwetst te worden. Wie gesloten is leidt een benepen leven, hij verstopt zich en vermijdt alle potentiële conflicten door intimiteit te vermijden.

Dit zijn maar een paar van de vele manieren waarop het gebrek aan vergeving van het ego ons belemmert in relaties. De enige weg uit die onverzoenlijke nachtmerrie van het ego is onze behoefte om gelijk te hebben loslaten en ons overgeven aan vergeving. Als we echt willen genieten van onze relaties moeten we ze respecteren door vergevingsgezind te zijn.

Een cursus in wonderen raadt ons aan de volgende affirmatie te gebruiken: 'Ik zou in plaats hiervan vrede kunnen zien.' Als we voor vrede kiezen, trekken we onze bokshandschoenen uit, komen we tevoorschijn uit onze schuilplaats en vergeven we. Voor vergeving is nodig dat we de bereidheid hebben om anders naar de dingen te kijken. De cursus raadt ons niet aan om net te doen alsof er niets is gebeurd, maar de ervaring van ons ego te erkennen en ervoor te kiezen daar liefdevol naar te kijken.

Dagelijks oefenen in bereidheid is onze grootste gids naar echte vergeving en echt loslaten. Een andere krachtige affirmatie om het vergevingsproces te versterken is zeggen: 'Ik ben liever gelukkig dan dat ik gelijk heb.' Kiezen voor geluk is altijd de weg van de minste weerstand. Door je toewijding aan gelukkig zijn te bevestigen, word je minder rancuneus.

Ten slotte is het belangrijk om je best te doen je slachtoffermentaliteit los te laten. Als je echt je wrok wilt loslaten, wíl je ook geen slachtoffer meer zijn. Dat je zo gemakkelijk verstrikt raakt in die rol, komt doordat je ego daar dol op is. Om uit die rol te komen moet je bereid zijn anders naar de dingen te kijken. Ben je een boos slachtoffer, dan helpt misschien dit krachtige gebed uit de cursus: 'Ik ben niet het slachtoffer van de wereld die ik zie.' Merk je dat je verstrikt raakt in de slachtofferrol, zeg dan gewoon dat gebed op en herinner jezelf er vriendelijk aan dat je liever gelukkig bent.

Voor geluk kiezen betekent constant aan de bak moeten. Er staan je daarbij heel wat obstakels in de weg, dus je moet er flink je best voor doen om je kleinzerige rancune, je slachtoffermentaliteit en je angst los te laten. Je moet je overgeven aan de liefde.

Ik nam die stappen op in mijn oefenen in vergeving en gaf me over aan de bereidheid om liever gelukkig te zijn dan gelijk te hebben. Na een week van volledige overgave bespeurde ik een kwantumverschuiving. Tijdens mijn ochtendmeditatie begon ik te denken aan de lerares op wie ik zo boos was. En meteen welde er als uit het niets een overweldigend gevoel van liefde op. Mijn innerlijke gids leidde me om een beroep te doen op de liefde en een reusachtig gevoel van dankbaarheid te ervaren. Op dat moment liet ik haar los. Ik huilde van vreugde toen ik mijn kleinzielige wrok losliet en mijn hart opende voor vergeving.

Tien minuten later checkte ik mijn mail. In mijn postvak had ik een bericht van diezelfde lerares! Op het moment dat ik haar losliet had ze me een liefdevol mailtje gestuurd, waarin ze schreef dat ze heel trots op me was. Ik moest lachen om de knipoog van de kosmos en genoot van het wonder. Liefde heeft de kracht om elke situatie te veranderen. Het enige wat je hoeft te doen is kiezen voor gelukkig zijn in plaats van gelijk hebben.

Dit verhaal over mijn lerares is een prachtig voorbeeld van de onheilige relatie die wordt veranderd in liefde. *Een cursus in wonderen* wijdt tien hoofdstukken (15-24) aan de verandering van de onheilige relatie van het ego in een heilige relatie door vergeving. De heilige relatie is de onheilige relatie van het ego die veranderd is door vergeving en liefde. Als je je geest terugbrengt naar de liefde, je weer verbindt met de eenheid en de afgescheidenheid van het ego loslaat, doet de heilige relatie haar intrede. Dat vereist oprechte toewijding aan wonderen en heel veel overgave.

Elke relatie biedt je de mogelijkheid naar heilige liefde toe te groeien. De cursus benadrukt dat elke ontmoeting een heilige ontmoeting is omdat elke relatie je de mogelijkheid biedt de onjuiste perceptie van het ego te overstijgen en de onheilige relatie achter je te laten. Je relatie met een taxichauffeur, een stagiair, een vrijwilliger, een familielid of met je vriend zijn allemaal gelijke kansen om dit tot een relatie te maken die niet gaat over conflict, afgescheidenheid en angst, maar juist over liefde. Hoewel het ego aanwezig is in elke ontmoeting, raadt de cursus je aan relaties te gebruiken als middel om de onjuiste percepties van het ego achter je te laten.

Om een relatie van onheilig in heilig te veranderen, moet je de intentie van die relatie veranderen.

De intentie van het ego is om controle te houden over de perceptie dat jij en de ander afgescheiden zijn door aanval, oordeel, jaloezie, et cetera. Het ego gebruikt angst om het goedkope drama in een relatie in leven te houden. Is het doel van je ego om de controle over een relatie te houden, dan zul je niet vaak denken aan vergeving en acceptatie en dan komen de bokshandschoenen tevoorschijn. Als je ego de relatie stuurt weet je zeker dat je idiote dingen denkt en doet. Het ego overtuigt je ervan dat je jezelf 'beschermt' door aanvalsgedachten over je partner, terwijl je daardoor juist nog meer aanval veroorzaakt.

De intentie van de wonderdoener is exact het tegenovergestelde. Als het doel van de relatie vrede en liefde vinden is, wordt de ervaring heel anders. Door als een wonderdoener met relaties om te gaan word je geleid om je angst over te dragen aan je innerlijke gids zodat die wordt rechtgezet. Er wordt niet van je verwacht dat je je ego van de ene op de andere dag loslaat. Net als bij alle oefeningen in dit boek is er een simpele oplossing: je draagt de speciale relatie van het ego ter heling over aan je *~ing*. Die spirituele handeling van overgave bevrijdt je uit de greep van het ego en opent je bewustzijn om leiding te ontvangen. Als ik merk dat mijn ego speciale relaties lastig maakt, nodig ik mijn innerlijke gids uit om als onzichtbare bemiddelaar op te treden, met als doel het contact terug te brengen naar liefde. Hoewel dat voor je ego misschien lastig is om te accepteren, wordt het doel duidelijk. Je *~ing* verschuift de bedoeling van een relatie waarin je speciaal zijn en afgescheidenheid verdedigt naar een relatie waarin je eenheid en heelheid ervaart. Je innerlijke gids zal je naar een nieuw doel van de relatie leiden.

Het is belangrijk om er op bedacht te zijn dat het ego zich niet op zijn gemak voelt bij het doel van de wonderdoener. Zoals in de cursus wordt gezegd: 'Wanneer deze twee vanuit het gezichtspunt van deze nieuwe bedoeling over hun relatie nadenken, zullen ze onvermijdelijk ontsteld zijn. Hun waarneming van de relatie kan zelfs totaal ontwricht raken. En toch beantwoordt de vroegere structuur van hun waarneming niet langer aan het nu overeengekomen doel.' Als je de liefde uitnodigt om tussenbeide te komen in je onheilige relatie, kan je ego het wel schudden. Het ego gelooft dat je de controle moet houden om veilig te zijn in een relatie. Reken dus op verzet van je ego als ik je deze week open om te oefenen met relaties en verwacht heel veel wonderbaarlijke verschuivingen.

Die verschuivingen kunnen resulteren in wat de cursus het 'heilig ogenblik' noemt: het moment waarop je het drama van het ego loslaat. Als jullie allebei verenigd worden in deze heilige verbinding is het heerlijk als de liefde de relatie bepaalt in plaats van het ego. Dan voel je je opgelucht en vrij. Maar ook al ervaar jij een heilig ogenblik, dan nog kan de ander zich daartegen verzetten. Als die namelijk afhankelijk is van zijn egowaarneming van de relatie zal hij zich niet op zijn gemak voelen bij jouw verandering. Dat gebeurt vaak. Denk maar aan de momenten in je leven dat jij bereid was om te groeien en je partner niet. Als dat gebeurt, komt er een eind aan de liefdesrelatie en verandert de vorm daarvan. Mensen maken zich vaak zorgen als de vorm van de relatie verandert, maar daar is niets mis mee. Een breuk (in een liefdesrelatie of een andere relatie) kan voor het ego een groot drama zijn. Maar vanuit het perspectief van de cursus zijn dat veranderingen die spontaan plaatsvinden als jij streeft naar liefde. Als de vorm van een relatie verandert door vergeving voel je je misschien verdrietig, maar heb je toch een geschenk ontvangen: spirituele groei. De relatie bood je de kans om te kiezen voor de waarneming van je *~ing* in plaats van die van je ego. Als je ervoor kiest om de liefde je relatie te laten bepalen maakt het niet uit of je blijft of weggaat; het enige wat ertoe doet is je innerlijke verschuiving naar liefde. Dan wordt de relatie heilig gemaakt in jouw geest.

Door liefde in al je relaties te brengen zal je leven ingrijpend veranderen. Ik heb kortgeleden een miraculeuze verandering ondergaan op dit gebied. Ik bestudeer de cursus nu zeven jaar, dus ik ben eraan gewend geraakt om getuige te zijn van mijn ego in actie. Je ego regelmatig uit de kast laten komen is de sleutel tot een wonderdoener zijn. Ik doe dat al jaren: elke keer dat ik op afgescheidenheid focus in plaats van op eenheid laat ik mijn ego uit de kast komen. Ik heb ontdekt dat ik er goed in was om het principe van vergeving van de cursus toe te passen in relaties die heel belangrijk voor me waren, maar minder snel aan vergeving en eenheid dacht in relaties die ik als 'minder belangrijk' beschouwde. Ik zag sommige relaties als belangrijker of ze stonden in mijn leven op de voorgrond, terwijl andere niet aanwezig waren. Tegenover mijn vriend was ik bijvoorbeeld elke dag heel vergevingsgezind: ik hield bewust een heilige liefdesrelatie in stand. Maar in bepaalde zakelijke contacten of in contact met mensen op straat was ik minder vergevingsgezind en was ik minder bezig met 'eenheid'. Toen ik me dat realiseerde, wendde ik me tot mijn *~ing* voor hulp. Ik vroeg mijn innerlijke gids me te helpen evenveel liefdevolle intenties in al mijn relaties te brengen en meer gelijkwaardigheid in mijn percepties.

Door mijn ego uit de kast te laten komen herstel ik altijd weer mijn vertrouwen in wonderen. Als ik mijn ego naar mijn *~ing* breng voor genezing, word ik vaak geleid om *Een cursus in wonderen* open te slaan voor de oplossing. Diezelfde dag dat ik om hulp vroeg las ik in de cursus deze passage: 'Zelfs op het niveau van de meest terloopse ontmoeting is het mogelijk dat twee mensen hun afzonderlijke belangen uit het oog verliezen, al is het maar voor even. Dat moment is voldoende.' De boodschap had niet duidelijker kunnen zijn. Mijn innerlijke gids had weer in de roos geschoten. Ik moest liefde en vergeving beoefenen 'zelfs op het niveau van de meest terloopse ontmoeting'. Hoewel ik van mezelf vond dat ik diep verbonden was met het gedachtegoed van de cursus, had ik een belangrijke stap gemist: dat ik die principes in ál mijn contacten toepaste. Opnieuw werd ik naar een nieuwe kans geleid om mijn *~ing* uit te nodigen me de weg te wijzen. Mijn innerlijke gids steunt me altijd.

Ik vertel dit verhaal om je te inspireren als je begint te oefenen met relaties. Besteed deze week niet al je energie aan die ene speciale relatie waar je gek van wordt. Ik wil je juist stimuleren om de oefeningen van deze week toe te passen op alle relaties in je leven, zelfs op relaties die maar een paar minuten duren. Een vreemdeling op straat, een caissière in een winkel of een toevallige ontmoeting op een vliegveld bieden je allemaal de kans op een nachtmerrie van het ego of op heilig geluk. De keuze is aan jou. Bereid je er dus op voor om deze week met al je relaties aan de slag te gaan, en leg niet de nadruk op één speciale relatie.

Deze hele week laten we meer angst verschrompelen en tillen we je vertrouwen in wonderen naar nieuwe hoogten. Hieronder staat het programma dat je kunt verwachten!

- Op **dag tweeëntwintig** besteed je aandacht aan wat je van anderen vindt. Dit is een oefening in duidelijk zien hoe je ego je heeft overtuigd van afgescheidenheid. Deze oefening helpt je beseffen dat zelfs als je mensen vriendelijk behandelt maar je gedachten niet passen bij je daden, je nog steeds verstrikt zit in de strijd van het ego. Het doel voor deze dag is je heel bewust te worden van de manier waarop je ego afscheidt en speciaal maakt.
- De oefeningen op **dag drieëntwintig** zijn erop gericht je ego ter genezing over te dragen aan je *~ing*. Je krijgt steun in alle relaties in je leven, van de schijnbaar onbelangrijkste tot de belangrijkste, om je ego door je *~ing* naar het licht te laten leiden. Je leert dat je ego de duisternis nodig heeft om zich te verstoppen, maar dat je als je bereid bent een beroep te doen op het licht van je *~ing*, je relaties kunt veranderen. Voor deze oefening heb je niemand anders nodig. Nodig gewoon je innerlijke gids uit in al je relaties en je zult zien dat ze allemaal veranderen.
- De oefening op **dag vierentwintig** is gebaseerd op deze les uit het werkboek van de cursus: 'Liefde schiep mij als zichzelf.' Die bevestiging herinnert je eraan dat je oorsprong liefde en vriendelijkheid is en dat je daar weer naar kunt terugkeren door je vriendelijk te gedragen. De oefeningen van deze dag helpen je om de affirmatie *liefde schiep mij als zichzelf* toe te passen als je ego anderen aanvalt.
- De oefening op **dag vijfentwintig** helpt je het principe te begrijpen dat wat je op anderen projecteert, terugslaat op jezelf. De cursus stelt dat de gedachten die je over anderen hebt, weerspiegelen wat jij denkt dat waar is over jezelf. Door dankbaarheid te beoefenen word je geleid om je gedachten over anderen te zuiveren, waardoor je je gedachten over jezelf heelt.

- De oefening op **dag zesentwintig** helpt je begrijpen hoe het ego gebruikmaakt van vergeving om te krijgen wat het wil, terwijl je *~ing* vergeving juist gebruikt om terug te keren naar liefde. Deze oefening helpt je ook om een krachtig principe uit de cursus te begrijpen, namelijk dat je door vergeving kunt kiezen voor eenheid, wat er ook is gezegd of gedaan.
- Op **dag zevenentwintig** besteed je aandacht aan het heilig ogenblik. Elke keer dat je je perceptie verschuift van afgescheidenheid naar eenheid, schrijf je die ervaring op in je dagboek. Oefen vandaag om liefde in al je relaties te brengen en geniet van de gevoelens die over je heen komen.
- Op **dag achtentwintig** doe je zoals altijd aan zelfreflectie en voorbereiding op de komende week door de inleiding bij Week vijf te lezen.

Het werk van deze week bevestigt een van de belangrijkste uitgangspunten van deze oefening: dat alle denken op een of ander niveau vorm voortbrengt. Elke gedachte die je hebt, heeft direct invloed op de manier waarop je je leven ervaart. Door je manier van denken over relaties te veranderen, zul je ze anders ervaren. Als je negativiteit en wrok loslaat, zie je meer eenheid en liefde in iedereen. Dan geeft oordelen, vergelijken, aanvallen en roddelen je een ongemakkelijk gevoel. Dan wil je intuïtief een liefdevollere verbinding met iedereen die je ontmoet. Want dat is veel fijner. Volg de geleide stappen en verwacht wonderen.

Dag tweeëntwintig

Getuige zijn van de speciale illusies van je ego

Vandaag word je geleid om aandacht te besteden aan hoe je over anderen denkt. Door deze oefening krijg je duidelijk in beeld dat je ego je heeft overtuigd van afgescheidenheid. Zoals je inmiddels weet is duidelijkheid essentieel om over de dwaze ideetjes van je ego heen te komen. Hoe meer je je bewust bent van de overtuigingen van je ego, hoe gemakkelijker het is om te besluiten van gedachten te veranderen. Het doel van vandaag is om je heel erg bewust te worden van de manier waarop het ego je van anderen scheidt en mensen speciaal maakt. We voelen ons goed bij de manier waarop het ego anderen bekijkt, en maken gebruik van aanval en oordeel om onszelf te 'beschermen' zodat we niet gekwetst of teleurgesteld raken. De oefening van vandaag vecht de sluwe trucs van het ego aan en laat je zien hoe afgescheidenheid je geluk verstoort. Getuige zijn van de afgescheidenheid van je ego is de eerste stap naar opnieuw in verbinding komen met vrede en eenheid in alle relaties.

Vertrouw erop dat de oefeningen van deze week de percepties van je ego aanvechten. Een goede basis is daarvoor belangrijk. Door zonder angst getuige te zijn van je ego in actie, begin je ermee de onjuiste overtuigingen van je ego te transformeren.

- Ochtendoverpeinzing **dag tweeëntwintig**

Maak het je gemakkelijk op je meditatieplek. Lees de tekst hieronder hardop aan jezelf voor, adem daarna diep in en laat los. Blijf een minuut in stilte zitten om de woorden tot je door te laten dringen.

Vandaag ben ik getuige van de onjuiste manier waarop mijn ego naar anderen kijkt. Ik nodig mijn innerlijke gids uit me te helpen zien dat ik anderen verkeerd heb beoordeeld. Ik word me ervan bewust dat ik mezelf heb vergeleken met anderen, ze heb aangevallen en mensen specialer heb gemaakt en heb afgescheiden van mezelf. Ik ben getuige van de onjuiste overtuigingen van mijn ego en verwelkom het proces om dat gedrag ongedaan te maken.

Afirmatie dag tweeëntwintig

VANDAAG BEN IK GETUIGE VAN DE ONJUISTE MANIER WAAROP MIJN EGO NAAR ANDEREN KIJKT.

Laten we je doel opnieuw bevestigen: getuige zijn van de valse percepties van je ego. Vandaag oefenen we in het getuige zijn van het feit dat je oordeelt, aanvalt, vergelijkt en anderen specialer of minder speciaal maakt. Doe elke keer dat je getuige bent van dat gedrag een beroep op je affirmatie en breng je negativiteit naar je *~ing* voor heling. Getuige zijn van je ego in actie is de eerste stap voorwaarts om de valse projectie ter heling naar je *~ing* te brengen.
Je bent nu op een punt aangekomen dat je je wekker niet langer hoeft te gebruiken om je eraan te herinneren dat je je affirmatie moet opzeggen (maar als je dat wel wilt, doe het dan gerust). Je vertrouwt nu op wonderen dus ben je er klaar voor om aandacht te schenken aan je gedachten over anderen. Elke keer dat je je ego erop betrapt dat het oordeelt, speciale afgoden maakt en zich losmaakt van de eenheid, zeg je simpelweg je positieve bevestiging op: **vandaag ben ik getuige van de onjuiste manier waarop mijn ego naar anderen kijkt.**

▪ Avondoefening **dag tweeëntwintig**

Haal vanavond je dagboek tevoorschijn en stel een lijstje op met vijf manieren waarop je jezelf vandaag hebt afgescheiden van anderen. Op welke manieren heb je gekozen voor de onjuiste overtuigingen van je ego en afgescheidenheid gezien in plaats van eenheid? Beantwoord de volgende vragen:

1 Hoe beoordeel ik anderen?
2 Hoe val ik anderen aan (in mijn hoofd of door mijn daden)?
3 Wie maak ik speciaal?
4 Hoe maak ik mezelf specialer dan anderen?
5 Hoe vergelijk ik mezelf met anderen?

Zeg nadat je je antwoorden hebt opgeschreven een stil gebed:

Innerlijke gids, ik ben me bewust van de onjuiste overtuigingen van mijn ego en ik kies niet langer voor die weg. Ik verwelkom je om me te helpen die angstige hebbelijkheden te helen en me te leiden naar eenheid met alles.

Sluit voor je gaat slapen je dag af met het volgende gebed dat je voorbereidt op morgen:

Ik ben er getuige van dat ik ervoor heb gekozen de liefde te ontkennen. Ik ben er getuige van dat ik anderen speciaal heb gemaakt. Ik kies in plaats daarvan voor liefde. Innerlijke gids, leid me de weg.

Dag drieëntwintig

Bereid zijn je ego over te dragen aan je ~ing

Goedemorgen wonderdoener! Vandaag gaan we stevig aan de slag met totale overgave. Je weet inmiddels dat de belangrijkste manier om de onjuiste percepties van je ego te helen is dat je je innerlijke gids om hulp vraagt. Door je over te geven nodig je je innerlijke gids uit om tussenbeide te komen in de relatie. Als je je ego overdraagt aan je *~ing* voel je de aanwezigheid van een zwijgende metgezel die als voornaamste doel heeft jou naar vergeving te leiden. Verwelkom die leiding en vertrouw erop dat je door vergeving weer in verbinding komt met eenheid en vrede.

Deze stap kan niet worden overgeslagen. Als je niet bereid bent je *~ing* binnen te laten in de relatie, ben je je namelijk niet bewust van de leiding om je heen. Je bereidheid maakt je bewustzijn wakker.

- Ochtendoverpeinzing **dag drieëntwintig**

Ons doel is om vandaag grote verschuivingen te bewerkstelligen in je toewijding aan je spirituele beoefening. Daarom beginnen we vandaag met een ochtendtekst die je voorbereidt op succes. Maak het jezelf gemakkelijk op je meditatieplek en lees de volgende tekst hardop. Blijf daarna een minuut in stilte zitten en laat je innerlijke gids tevoorschijn komen.

Innerlijke gids, ik doe een beroep op je hulp. Ik weet dat ik heb gekozen voor afgescheidenheid boven eenheid en voor angst boven liefde. Vandaag kies ik ervoor iedereen als gelijk te zien en mijn angsten aan jouw zorgen over te dragen. Ik verwelkom je leiding van ganser harte. Ik vraag je om me te leren iedereen als gelijk te zien en als liefde te zien. Leer me lief te hebben door elke heilige ontmoeting.

Affirmatie dag drieëntwintig

INNERLIJKE GIDS, IK VRAAG JE ME TE HELPEN IEDEREEN ALS GELIJK TE ZIEN.

Je gaat de affirmatie van vandaag de hele dag vaak gebruiken. Elke ontmoeting die je hebt, biedt je de kans de perceptie van je ***~ing*** uit te nodigen tevoorschijn te komen. Om te voorkomen dat je ego zich ermee bemoeit, zeg je je positieve bevestiging op en nodig je meteen je ***~ing*** uit. Elke keer dat je je ***~ing*** vraagt je te helpen eenheid in plaats van afgescheidenheid te zien, kies je voor de visie van je ***~ing*** in plaats van die van je ego. Hoe vaker je een beroep doet op de liefde, hoe meer liefde je zult zien. Het doel is om je ***~ing*** de onheilige relatie van je ego te laten vervangen en je liefdevolle geest te herstellen.

▪ Avondoefening **dag drieëntwintig**

De oefening van vanavond borduurt voort op wat we gisteren hebben gedaan. Je gaat dezelfde vragen beantwoorden. Waarschijnlijk zullen veel van je antwoorden hetzelfde zijn als gisteren. Het verschil is dat je vandaag liefdevol op je ego reageert.

Beantwoord de volgende vragen in je dagboek en reageer er vervolgens op door hardop te zeggen: 'Ik ben bereid in plaats hiervan liefde te zien.'

1 Hoe heb ik anderen vandaag beoordeeld?
Antwoord: ik ben bereid in plaats hiervan liefde te zien.
2 Op welke manier heb ik anderen vandaag aangevallen (in mijn geest of door mijn daden)?

Antwoord: ik ben bereid in plaats hiervan liefde te zien.
3 Wie heb ik vandaag speciaal gemaakt?
Antwoord: ik ben bereid in plaats hiervan liefde te zien.
4 Hoe heb ik mezelf vandaag specialer gemaakt?
Antwoord: ik ben bereid in plaats hiervan liefde te zien.
5 Hoe heb ik mezelf vandaag met anderen vergeleken?
Antwoord: ik ben bereid in plaats hiervan liefde te zien.

Sluit je dag vanavond af met een bereidheidsmeditatie. Lees de meditatie hieronder of ga naar www.gabbyb.tv/meditate voor de audioversie.

Bereidheidsmeditatie

- Maak het je gemakkelijk op je meditatieplek.
- Ga rechtop zitten met je handpalmen omhoog.
- Adem diep in door je neus en uit door je mond.
- Blijf zo de hele meditatie ademen.
- Adem in: *ik ben bereid mijn ego over te dragen aan mijn innerlijke gids.*
- Adem uit: *ik ben bereid mijn onjuiste percepties los te laten.*
- Adem in: *ik ben bereid eenheid in alles te zien.*
- Adem uit: *ik ben bereid liefde te zien.*
- Adem in: *ik ben bereid mijn ego over te dragen aan mijn innerlijke gids.*
- Adem uit: *ik ben bereid eenheid in alles te zien.*
- Adem in: *ik ben bereid liefde te zien.*
- Blijf deze affirmaties herhalen op je in- en uitademing.
- Ben je klaar, doe dan je ogen open.

Slaap lekker vannacht terwijl je weet dat je *~ing* met jou aan het werk is, zelfs als je droomt.

Dag vierentwintig

Liefde schiep mij als zichzelf

De oefeningen van vandaag zijn gebaseerd op dit zinnetje uit het werkboek van de cursus: 'Liefde schiep mij als zichzelf.' Die boodschap herinnert ons eraan dat onze oorsprong liefde en vriendelijkheid is en dat we ons onze waarheid herinneren door vriendelijke gedachten. Laat de liefde je geest nog meer binnenkomen en maak vriendelijkheid vandaag tot je belangrijkste doel. Geniet van de prachtige ervaring van oprechte onbaatzuchtigheid en echte liefde.

- Ochtendoverpeinzing **dag vierentwintig**

De tekst van vandaag zal je eraan herinneren wie je werkelijk bent: een wezen van liefde. Ga voor de spiegel zitten terwijl je deze passage hardop aan jezelf voorleest. Kijk vriendelijk naar je eigen spiegelbeeld.

Liefde schiep mij als zichzelf. Mijn oorsprong is liefde en vriendelijkheid, en ik weet dat ik dat ben. Vandaag kies ik ervoor om me mijn waarheid te herinneren en die met de wereld te delen. Vandaag straal ik liefdevolle vriendelijkheid uit naar iedereen die ik tegenkom.

Affirmatie dag vierentwintig

LIEFDE SCHIEP MIJ ALS ZICHZELF.

Wees er de hele dag getuige van als je ego anderen aanvalt. Gebruik op die momenten je bevestiging: 'Liefde schiep mij als zichzelf.' Denk er niet over na, laat je door de woorden herinneren aan je waarheid en laat je leiden om de aanvalsgedachte los te laten. Gebruik je affirmatie telkens als oordeel, afgescheidenheid of aanval hun intrede doen.

▪ Avondoefening **dag vierentwintig**

Als je er vanuit het perspectief van de cursus van uitgaat dat de liefde jou heeft geschapen, dan word je door onliefdevol gedrag afgesneden van je waarheid. Als je getuige bent van je onvriendelijke gedachten en daden, weet je dat je niet bent verbonden met je ware oorspronkelijke zijn. Hoewel je jezelf misschien als een aardig iemand ziet, kan één onaardige gedachte of daad je losmaken van je verbondenheid met de liefde.

Ook heel vriendelijke mensen veroordelen anderen en vallen anderen in gedachten aan. Tenzij je natuurlijk een verlichte meester bent, is de kans groot dat het ego – hoe je ook je best doet om aardig te zijn – weer komt binnensluipen. Dat maakt niet uit. Nu je in wonderen gelooft zullen je subtiele verschuivingen je ervan bewust maken op welke punten je kunt groeien en leren. De oefening van vanavond speelt daarop in.

1 Maak een lijstje van de manieren waarop je deze week onaardig bent geweest. Hoe heb je je, in gedachten of daden, losgemaakt van je waarheid?
2 Neem er even de tijd voor om je lijstje te overdenken en beschrijf in je dagboek hoe het voelt om onaardig te zijn.
3 De laatste stap is jezelf je onaardige gedachten en daden vergeven. Zeg het volgende gebed hardop:

Ik zie dat ik onaardig ben geweest. Ik erken dat dat gedrag niet is wie ik echt ben. Ik weet nu dat die onvriendelijkheid het gevolg is van de onjuiste beslissing van mijn ego om voor angst in plaats van liefde te kiezen. Ik vergeef mezelf dat ik die verkeerde beslissing heb genomen. Ik kies ervoor om in plaats daarvan liefde te zien.

Je kunt deze drie stappen integreren in je dagelijks leven. Neem elke keer dat je er getuige van bent dat je onaardig bent, even de tijd om erover na te denken wat voor gevoel je dat geeft en vergeef het jezelf meteen. Door telkens opnieuw je onaardige egogedrag te erkennen verzwak je je slechte gewoonte en kom je over de behoefte van het ego heen om te (ver)oordelen.

Dag vijfentwintig

Dankbaar zijn voor de bedoeling van de relatie

De oefening van vandaag zal je helpen een cruciaal grondbeginsel te begrijpen: wat je op anderen projecteert slaat terug op jezelf. De cursus leert dat de gedachten die je over anderen hebt het spiegelbeeld zijn van de gedachten waarvan je denkt dat ze waar zijn over jezelf. Als je bijvoorbeeld merkt dat je anderen veroordeelt omdat ze te dik zijn, is de kans groot dat je problemen hebt met je eigen gewicht of uiterlijk. Of je ontdekt misschien dat je in gedachten mensen aanvalt die een gelukkige relatie hebben. Het is mogelijk dat die aanval gewoon je eigen verlangen weerspiegelt om ook zo'n liefdesrelatie te hebben. Als je anderen veroordeelt, verwijten maakt of aanvalt, is er vaak onbewust sprake van een gevoel van gebrek in jezelf. Door dankbaarheid te beoefenen word je geleid je gedachten over anderen te zuiveren, waardoor je je gedachten over jezelf heelt. Als je liefde stuurt naar datgene wat je graag wilt, voel je je beter over jezelf en ervaar je meer liefde in je eigen leven. Dankbaarheid creëert een domino-effect van liefde.

Maar daar stoppen we niet. Velen van ons dragen jarenlang wrok jegens anderen met zich mee. Zo verloor een van mijn cliënten haar baan in 2008 toen de recessie net toesloeg. Het kostte haar meer dan twee jaar om een nieuwe baan te vinden. Door haar spirituele beoefening ging ze inzien dat de rancune en de angst die ze had doordat ze haar baan was kwijtgeraakt haar vermogen om een nieuwe baan te krijgen sterk hadden beïnvloed. Elke keer dat ze op sollicitatiegesprek ging viel ze zichzelf aan en veroordeelde ze zichzelf uit angst niet in de smaak te vallen. Die energie belemmerde haar om een nieuwe baan te krijgen. Door haar vertrouwen in wonderen te trainen werd ze dankbaar voor de lessen die ze in haar vroegere baan had geleerd en ze koos ervoor de angst van het verleden los te laten. Ze accepteerde de kans om te leren die haar was gegeven.

De oefening van vandaag helpt je alle relaties te accepteren als opdrachten voor spirituele groei. Als je die waarheid aanvaardt word je dankbaar voor de lessen die je hebt geleerd. Vervolgens zie je hoe die lessen je naar het volgende niveau van vertrouwen in wonderen tillen.

▪ Ochtendoverpeinzing **dag vijfentwintig**

De ochtendoverpeinzing van vandaag helpt je de dag te beginnen door je moeilijkste relaties te zien als opdrachten om te leren en te groeien. Wanneer je vanuit die houding aan je dag begint, helpt dat je om al je ontmoetingen te bezielen met liefde.

Maak het je gemakkelijk op je meditatieplek en lees de tekst hieronder. Blijf daarna een minuut in stilte zitten terwijl de boodschap tot je doordringt.

Vandaag vat ik al mijn relaties op als opdrachten. Ik kies ervoor om elke ontmoeting te beschouwen als een kans voor spirituele groei. Ik ben dankbaar voor de lessen die deze relaties me opleveren.

Affirmatie dag vijfentwintig

ALLE ONTMOETINGEN ZIJN HEILIGE ONTMOETINGEN.

Van alle affirmaties in dit boek heeft deze de meeste transformationele kracht. Gebruik die vandaag (en hopelijk de rest van je leven) tijdens al je ego-ontmoetingen. Als je bespeurt dat je jezelf losmaakt van de liefde in de aanwezigheid van anderen, herinner jezelf er dan aan dat ***alle ontmoetingen heilige ontmoetingen zijn***. Met andere woorden: iedere persoon die je ontmoet, biedt je de kans om je vertrouwen in wonderen te vergroten door ervoor te kiezen om liefde te zien in plaats van angst. Deze affirmatie herinnert je er vriendelijk aan om elke ontmoeting te beschouwen als een opdracht om liefde te zien in plaats van angst. Door deze affirmatie in te brengen in elke ontmoeting, oefen je jezelf er op een subtiele manier in om eenheid te creëren in al je relaties, wat de vooringenomen houding van je ego ook mag zijn.

Bonusoefening: de speciale liefde loslaten

De gedachte dat één iemand je bron van inspiratie, enthousiasme en gelukzaligheid kan zijn, is een hersenschim. Stel je in plaats van te zoeken naar romantiek in één speciale liefdespartner open voor de mogelijkheid van vriendschappen die gepassioneerder zijn. Als je je vriendschapsrelaties enthousiaster en vrolijker maakt, wordt de druk op je partner minder. Dat is een effectief instrument om meer eenheid te creëren in de lastigste relatie voor het ego: de romantische liefde.

Maak deze week een afspraakje met een vriendin. Het doel ervan is inzien hoe bevredigend vriendschappen kunnen zijn. Geniet op een geheel nieuwe manier van haar gezelschap door dezelfde aandacht aan de vriendschap te geven als aan de relatie met je vriend. Natuurlijk heb je niet iets met je beste vriendin, maar haar persoonlijkheid en unieke persoonlijkheidskenmerken kunnen voor jou net zo inspirerend zijn als die van je vriend. Door je vriendschap als 'romantischer' te zien vergroot je het gevoel van kameraadschap en eenheid.

Het voordeel van een andere manier van kijken naar vriendschap is niet alleen dat je meer plezier hebt, maar ook dat je minder claimerig bent ten opzichte van je partner. Door meer romantiek in je vriendschappen te brengen, heb je niet langer een liefdespartner nodig om je enige bron van geluk te zijn. Die verandering zorgt ervoor dat je meer vertrouwen uitstraalt en afhankelijkheid en gebrek loslaat.

Bevrijd jezelf van de onjuiste perceptie dat een speciaal iemand je zal redden. Creëer meer eenheid door de vonken ervan af te laten spatten in al je relaties!

- Avondoefening **dag vijfentwintig**

Trek vanavond wat tijd uit om je dag te overdenken. Schrijf drie manieren op waarop je iets aan je positieve bevestiging hebt gehad en hoe die je heeft geholpen je percepties te veranderen van ego naar heiligheid. Sta stil bij die verschuivingen.

Eindig je dag met wat ik een heiligogenblikmeditatie noem. Een fantastische meditatie die je helpt je onheilige projecties los en de liefde binnen te laten.

Heiligogenblikmediatie

- Maak het je gemakkelijk op je meditatieplek.
- Begin met je meditatieve ademhaling.
- Adem in door je neus en uit door je mond.
- Blijf de hele meditatie zo ademhalen.
- Denk terwijl je zo ademt even aan iemand die je kortgeleden hebt veroordeeld.
- Het maakt niet uit of je diegene goed kent of niet, haal het beeld van hem of haar voor je geestesoog.
- Adem alle gevoelens in die bij je opkomen.
- Adem uit en laat los.

- Adem steeds dieper en duik dieper in de ervaring.
- Dit gevoel is waarschijnlijk ongemakkelijk voor je, nodig dus je ~*ing* uit om het te helen.
- Adem in: *innerlijke gids, ik heb je hulp nodig.*
- Adem uit: *ik ben bereid in plaats hiervan liefde te zien.*
- Zie terwijl je dit gebed zegt dat er een prachtige deken van gouden licht om je lichaam heen gaat liggen.
- Die deken van licht zuivert je van oordeel en maakt je vrij van alle aanval.
- Adem dat gouden licht in.
- Adem uit als teken dat je loslaat.
- Zie hoe diezelfde deken van licht zich neervlijt over de persoon die je hebt veroordeeld.
- Zie hoe het licht jouw perceptie van diegene zuivert.
- Uiteindelijk is alles wat je ziet licht.
- Herken in dit heilig ogenblik dat het licht in jou het licht in hen weerspiegelt.
- Jullie zijn één in het licht.

Dag zesentwintig

Vergeef iedereen!

De oefening van vandaag zal je helpen begrijpen dat het ego vergeving weigert om zo te krijgen wat het wil, terwijl onze *~ing* vergeving juist gebruikt om weer in verbinding te komen met de liefde. Wat is het verschil? Het doel van het ego is om de illusie van angst te handhaven, omdat het ego geen doel meer heeft als de illusie is doorgeprikt. Daarom is het ego nooit genegen te vergeven, waardoor de duistere illusie in leven blijft. Het doel van je *~ing* is echter heel anders. Je innerlijke gids gebruikt vergeving als belangrijkste instrument om je vertrouwen in de liefde te herstellen. Vergeving is het antwoord op ware rust en vrede.

Deze oefening helpt je ook een belangrijk uitgangspunt uit de cursus te begrijpen, namelijk dat je door vergeving kunt kiezen voor eenheid... wat er ook is gezegd of gedaan. Zo was een cliënt die ik coachte als jong kind in de steek gelaten door haar vader, hij had het gezin verlaten en het daarna nooit meer financieel of anderszins gesteund. De pijn van die ervaring zorgde ervoor dat haar ego angst op al haar relaties projecteerde. Ze was bang dat niemand van haar hield en daarom viel ze iedereen aan om zichzelf ertegen te 'beschermen' dat ze opnieuw gekwetst zou worden. Door vergeving te beoefenen was ze in staat haar vader helemaal te vergeven en los te laten. Het resultaat van die vergeving was dat ze daarna in al haar relaties standaard vergeving begon toe te passen. Waardoor ze met een schone lei aan nieuwe relaties begon vanuit de perceptie van eenheid en liefde. Omdat ze zo relaxed en vergevingsgezind was, begon ze energetisch liefdevollere, vriendelijker mensen aan te trekken die haar nooit in de steek zouden laten. Ik vind het belangrijk om erop te wijzen dat ze in staat was haar vader volledig te vergeven zonder dat het nodig was hem te zien. Je hoeft iemand namelijk niet tijdens een persoonlijke ontmoeting te vergeven. Vergeving vindt plaats op spiritueel niveau en heeft invloed op je fysieke perceptie van de wereld.

Ik stel je opnieuw de vraag: wat heb je liever, dat je gelijk hebt of dat je gelukkig bent? Het zal duidelijk zijn dat een wonderdoener voor geluk kiest in plaats van voor de behoefte van het ego om gelijk te hebben, ook al is dat misschien niet altijd gemakkelijk. Je behoefte om gelijk te hebben loslaten en je overgeven aan vergeving zijn een van de voornaamste uitgangspunten van de oefening van deze week. Wil je echt genieten van relaties, dan moet je ze respecteren door de wonderdaad van vergeving.

▪ Ochtendoverpeinzing **dag zesentwintig**

Maak het je gemakkelijk op je meditatieplek en bereid je voor op de oefening van vandaag. Het spirituele voedsel van vandaag maakt je geestelijk hongerig naar het wonder van de vergeving. Elke gedachte die je hebt zal ervoor zorgen dat je *~ing* je leidt om liefde en vrede te zien in plaats van angst. Lees de tekst hieronder en laat je door je *~ing* de weg wijzen. Blijf daarna een minuut in stilte zitten en laat je geest en ziel de woorden opzuigen.

> *Vandaag breng ik een heilig ogenblik tot stand door vergeving te beoefenen. Ik kies tijdens elk heilig ogenblik voor vergeving en laat de valse projecties van mijn ego los. Vergeving herinnert me eraan dat we één zijn. Elke keer dat ik een onjuiste aanvalsgedachte jegens iemand heb, kies ik ervoor de gedachte te vergeven en me te herinneren dat we één zijn. Daarna vergeef ik mezelf.*

Affirmatie dag zesentwintig

IN PLAATS HIERVAN ZOU IK VREDE KUNNEN ZIEN.

Gebruik deze affirmatie de hele dag als richtsnoer om je hart te openen voor liefde en vrede tijdens elke ontmoeting. Deze bevestiging helpt je het oordeel van de onjuiste percepties van je ego los te laten en die te vergeven. Zij herinnert je er ook aan dat je bij elke ontmoeting de keuze hebt: namelijk om vrede te zien. Elke ontmoeting is een nieuwe kans om je affirmatie te gebruiken en ervoor te kiezen om liefde te zien. ***Onthoud dat je innerlijke gids een en al liefde is en je beoefening nooit zal veroordelen.*** De positieve bevestiging van vandaag zal dat vertrouwen versterken door alle aanvalsgedachten jegens anderen te vergeven.

▪ Avondoefening **dag zesentwintig**

De oefening van vanavond helpt je je valse projecties op anderen los te laten door een vergevingsmeditatie. Mijn grootste daden van vergeving hebben plaatsgevonden terwijl ik op mijn meditatiekussen zat. Als we onze *~ing* uitnodigen in het vergevingsproces kunnen we onze grieven loslaten en toelaten dat de liefde de duistere illusies van het ego zuivert. Vertrouw erop dat de oefeningen van vandaag je bewust hebben gemaakt van je verlangen om te vergeven en dat de liefde is uitgenodigd.

Het werk van vandaag was geen kattenpis. Het is niet gemakkelijk om je aanvalsgedachten te vergeven en ervoor te kiezen om liefde te zien in iedereen. De kans is groot dat je ego door deze oefening is gaan flippen. Daar is niets mis mee. Laat je ego gewoon aanwezig zijn te midden van deze overgang en vertrouw erop: hoe meer je op je liefde gaat vertrouwen hoe minder geduld je met je ego zult hebben. Vanavond sluiten we deze effectieve dag af met een gebed, dat je in stilte of hardop aan jezelf kunt voorlezen:

Bedankt, innerlijke gids, dat je me helpt mijn ego's onjuiste percepties te vergeven. Ik zal je altijd als leraar verwelkomen om me eraan te herinneren dat elke ontmoeting een heilige ontmoeting is en dat ik kies voor vergeving die me terugbrengt naar liefde en vrede.

Dag zevenentwintig

Wonderbare relaties

Vandaag begeleid ik je bij het aandacht besteden aan het heilig ogenblik. Door naar de wereld te kijken vanuit vertrouwen in wonderen word je geleid om oude angsten los te laten en weer vertrouwen te krijgen in eenheid: dat is het heilig ogenblik. Geniet van de metamorfose die plaatsvindt als je de liefde binnenlaat. Schrijf elke keer dat je je perceptie verschuift van afgescheidenheid naar eenheid de ervaring op in je dagboek en eer het heilig ogenblik. Voel de rust over je heen komen als je jezelf erin oefent om liefde in al je relaties te brengen en vergroot daardoor je vertrouwen in wonderen.

- Ochtendoverpeinzing **dag zevenentwintig**

De oefening van vandaag zal je toewijding aan het heilig ogenblik vergroten. Dus gaan we ertegenaan! Maak het je gemakkelijk op je meditatieplek en lees je ochtendtekst. Blijf daarna in stilte zitten en bereid je voor op de wonderen van vandaag.

Vandaag ben ik een wonderdoener en ik ervaar liefde in iedereen die ik zie. Zelfs mijn lastigste relaties zijn wonderen. Vandaag doe ik mijn best om iedereen liefde te geven en over mijn angst heen te komen door op wonderen te vertrouwen. Elke ontmoeting is een heilige ontmoeting die me een kans biedt om te groeien.

Affirmatie dag zevenentwintig

VANDAAG BEN IK EEN WONDERDOENER.

IK KIES ERVOOR OM IN IEDEREEN LIEFDE TE ZIEN.

Gebruik deze positieve bevestiging bij iedereen die je vandaag tegenkomt. Herinner jezelf aan je ware doel en blijf toegewijd aan de liefde. Ook al vind je dat misschien lastig als je met een bepaalde collega of met een knorrige buurman praat, blijf standvastig. Zeg tegen jezelf: 'Vandaag ben ik een wonderdoener. Ik kies ervoor om in iedereen liefde te zien.' Door hier een dagje flink tegenaan te gaan, ram je deuren open waarvan je dacht dat ze voorgoed op slot zaten.

▪ Avondoefening **dag zevenentwintig**

De oefening van vanavond zorgt ervoor dat je goed naar de relaties kijkt die je pijn hebben gedaan. Door met de liefde van je innerlijke gids getuige te zijn van die relaties, word je naar de ervaring van een heilig ogenblik geleid. Zoals de cursus zegt: 'De heiligste plek op aarde is de plek waar een oude haat nu liefde is geworden.' Volg de stappen hieronder en geniet van de wonderbaarlijke verschuivingen.

1 Ga een minuut in stilte zitten en mediteer over de relaties in je leven. Adem diep in door je neus en uit door je mond. Som in je hoofd alle relaties in je leven op die je pijn hebben gedaan. Blijf diep in- en uitademen en laat het jezelf echt voelen. Blijf een paar minuten zo zitten mediteren. Doe als je klaar bent je ogen weer open en kijk de kamer in.
2 Als je uit je meditatie komt, schrijf dan in je dagboek de namen op van de mensen die je te binnen zijn schoten.
3 Zeg daarna hardop: '... [vul de naam van diegene in] is mijn grootste opdracht. Deze heilige ontmoeting biedt me de kans om angst los te laten en mijn vertrouwen in de

> liefde te versterken. Ik kies ervoor met liefde naar hem (of haar) te kijken.' Werk de lijst af en doe deze oefening met elke naam die je in je dagboek hebt opgeschreven.

Als je vanavond gaat slapen is je oefening om voor alle mensen op je lijst een stil gebed op te zeggen. Onthoud dat de oefening van deze week meer eenheid creëert. Vraag er in je gebed om dat deze mensen worden geleid, beschermd en genezen van angst. Bid voor hen dat zij het geluk zullen hebben dat jij ook voor jezelf zoekt.

Dag achtentwintig

Reflectie en voorbereiding

Geniet vandaag als je terugblikt op wat je deze week allemaal hebt gedaan.

- Ochtendoverpeinzing **dag achtentwintig**

Je hebt deze week alles gegeven! Respecteer je proces door kort samen te vatten wat je hebt gedaan en erover te reflecteren. Om ervoor te zorgen dat dit allemaal beklijft is het namelijk belangrijk dat je telkens kijkt naar hoe het proces verloopt.

- Avondoefening **dag achtentwintig**

Besteed er tijd aan om de inleiding op Week vijf te lezen. De komende week word je geleid om deze principes toe te passen op je relatie met geld. Dit wordt een lastige week voor veel mensen, omdat het van essentieel belang is dat je je perceptie met betrekking tot je financiën verandert. Door je eigenwaarde te vergroten, vergroot je je nettowaarde – en daardoor steun je de wereld om je heen.

Week vijf
Je eigenwaarde en je nettowaarde vergroten

Als je leeft vanuit overvloed, zul je overvloed hebben.
– Marianne Williamson

Iedereen heeft zijn eigen persoonlijke relatie met geld. Dat begint al op jonge leeftijd, want dan pikken we een financiele blauwdruk op die ons op allerlei specifieke manieren beïnvloedt. Sommige mensen gaan dan geloven in gebrek en hebben daardoor het gevoel dat ze nooit genoeg hebben. Anderen groeien op in de overtuiging dat er geld in overvloed is en als gevolg stroomt het geld vrijelijk naar hen toe. Maar wat je financiële achtergrond ook is, veel mensen zijn bang als het om geld gaat.

Ik groeide op in een rijke stad, maar wij waren lang niet zo bemiddeld als andere gezinnen, waardoor ik het gevoel had een buitenbeentje te zijn. Hoewel mijn ouders allebei hard werkten, heerste er altijd een angst om tekort te komen bij ons thuis. Geld was belangrijk en iets waar mijn ouders zich voortdurend zorgen om maakten. Als jong meisje verbond ik me met de angst van mijn ouders om tekort te komen, een mentaliteit waar ik in bepaalde opzichten nog steeds mee worstel. Ik draag dat gebrek bijvoorbeeld met me mee als het om geld uitgeven gaat. Als ik iets nieuws koop voel ik me vaak schuldig, omdat ergens in mijn achterhoofd nog de oude herinneringen zijn blijven hangen dat ik niet genoeg heb. Ik vind het ook lastig om cadeautjes te krijgen, want als kind wilde ik niet dat mijn ouders geld uitgaven dat ze niet hadden. Beide kwesties staan in verband met het financiële verhaal dat ik me als kind eigen maakte.

Hoewel restanten van mijn op gebrek gebaseerde opvoeding zijn blijven hangen, ben ik er trots op dat ik de financiële angst van mijn ego in essentie heb veranderd en nu vertrouw op overvloed. Toen ik eenentwintig was heb ik met mezelf afgesproken dat ik nooit bang zou zijn om niet genoeg geld te hebben. Ik heb eraan gewerkt om me los te maken van mijn financiële angsten en in plaats daarvan voor overvloed gekozen. Dat besluit om over mijn angst om tekort te komen heen te komen heeft mijn relatie met geld een enorme boost gegeven.

Door mijn spirituele beoefening ben ik gaan begrijpen dat als je geld ziet als iets wat je status en eigenwaarde verschaft, dat een duidelijk teken is dat je ego zich ermee bemoeit. Het ego gebruikt geld om een leegte te vullen, en dat lijkt veel op de manier waarop het relaties gebruikt. Het ego overtuigt je ervan dat je je compleet zult voelen als je een bepaalde hoeveelheid geld hebt vergaard. Maar hoeveel geld je ook hebt, die ego-mentaliteit bezorgt je er een verslavende, dwangmatige relatie mee, waardoor je het gevoel krijgt dat je er nooit voldoende van hebt. Elke keer dat je qua inkomen op een nieuw niveau komt, ga je streven naar nog meer. Dat is een vicieuze cirkel.

Als je aan de andere kant geld waardeert als middel om dingen tot stand te brengen, om anderen te dienen en te genieten van de geschenken van het leven, heb je er een heel andere energetische verbinding mee. Op mijn eenentwintigste kon ik me weliswaar losmaken van het gebrek van mijn familie, maar ik associeerde geld nog steeds erg met mijn zelfbeeld. Het duurde een aantal jaren voordat ik mijn persoonlijke waarde niet meer gelijkstelde aan mijn financiële waarde. Dat stond rechtstreeks in verband met de angst van mijn ego voor financiële onzekerheid, de angst die ik had opgepikt van mijn ouders. Mijn ego had me ervan overtuigd dat geld gelijkstond aan macht en eigenwaarde. Toen er financiële overvloed in mijn leven kwam, had ik af en toe momenten van enthousiasme, gevolgd door het gevoel dat er iets ontbrak. Waarom voelde ik me niet anders nadat ik die financiële mijlpalen had bereikt? Waarom wilde ik als ik meer was gaan verdienen, nog meer verdienen? Toen ik negenentwintig was maakte ik een andere kwantumverschuiving mee met betrekking tot geld. Inmiddels was ik een 'spiritjunkie', ik deed aan zelfreflectie en moest de koude, harde waarheid accepteren: geld is niet de sleutel tot eigenwaarde en geluk. Mijn spirituele bewustzijn hielp me inzien dat je aan geld, net als aan drugs, alcohol, seks, romantiek en eten, verslaafd kunt raken als je het beschouwt als bron van geluk. Ik realiseerde me dat je je, door je geluk en zielenrust afhankelijk te maken van iets buiten jezelf, onvermijdelijk onbevredigd en gevangen voelt. Toen ik dat accepteerde, deed ik wat elke wonderdoener zou doen: ik koos voor een nieuw perspectief.

Door mijn spirituele beoefening stelde ik mijn ideeën over de waarde van geld bij. Daardoor kreeg ik er een andere relatie mee, en het hielp me ook als het ging om geld verdienen. Ik verschoof mijn focus van geld nodig hebben voor mijn eigenwaarde naar geld willen om mijn geweldige werk te ondersteunen. Daarnaast liet ik mijn angst los om geld uit te geven en accepteerde ik dat een groot deel van hoe financiële overvloed zich manifesteert bestaat uit genieten van de geschenken die het leven te bieden heeft. Ten slotte begon ik bewust meer geld te geven aan liefdadigheidsorganisaties en spirituele centra en me te concentreren op nieuwe manieren om mensen binnen mijn bedrijfje aan werk te helpen. Die verschuiving hielp me geld te accepteren als een middel om creatief, dienstbaar werk te doen en meer liefde met de wereld te delen.

De oefeningen van deze week bieden je de kans om te inventariseren hoe jij tegen geld aankijkt en om je eigen kwantumverschuiving te veroorzaken. Ik zal je helpen om onder de loep te nemen dat je ego vanuit het onjuiste perspectief waarde hecht aan geld. Door aandacht te besteden aan je ego leg je gedachten en patronen bloot waarvan je het bestaan niet eens vermoedde. Maar hoe had je dat ook moeten weten? De wereld hecht zoveel waarde aan geld verdienen dat we allemaal in de greep van het ego zijn. Dit is het moment om je daaraan te ontworstelen.

Deze week ga je de financiële angst van je ego afleren. Zet je maar schrap want dit brengt een enorme verandering teweeg! Als je je er serieus voor inzet heeft dit enorm veel invloed op je relatie met geld op je bankrekening.

Voor we deze week beginnen met het ontrafelen van de onjuiste percepties van je ego, zoomen we eerst in op zijn trucjes. Om je te helpen je financiële angsten goed in beeld te krijgen, stip ik hier een paar manieren aan waarop je ego geld gebruikt om je in het duister te houden.

Het ego blokkeert overvloed op allerlei manieren. Om die blokkades op te kunnen ruimen moet je je er eerst van bewust worden. Wees eerlijk tegen jezelf en stel vast of een of meer van deze egotrucs je financiële vrijheid in de weg hebben gestaan.

- **Het ego is bang om tekort te komen.** Vooral in economisch zwaar weer voert het ego het toerental op. Dan komt het met gedachten als: tijdens een recessie kan ik echt geen salarisverhoging krijgen. Of: ik zal nooit genoeg geld hebben. Of: dat kan ik me nooit veroorloven. Het ego heeft tig manieren om onze angst om tekort te komen te voeden. Hoe meer we zo denken, hoe banger we zijn dat we niet genoeg hebben. Dat is een duizelingwekkende spiraal. Onthoud dat onze gedachten onze ervaringen vormen; weet dus dat de angst om tekort te komen rood staan op de bank weerspiegelt.
- **Het ego denkt dat passie geen zin heeft als het om geld verdienen gaat.** Vanuit ons ego denken we dat we praktische actie moeten ondernemen om geld te verdienen. Het overtuigt ons ervan dat we niet alles kunnen hebben: óf we doen wat we leuk vinden óf we kunnen geld verdienen. Creativiteit en passie horen volgens het ego bij hobby's, het is slechts voor een paar geluksvogels weggelegd om financieel succesvol te zijn met het werk waar hun passie naar uitgaat. Ik zie die egomentaliteit bij veel van mijn vrienden die kunstenaar zijn. Uit angst dat ze nooit genoeg geld zullen verdienen met hun kunst blokkeren ze elke kans daarop. Ik zie het ook bij vrienden die genezer zijn en denken dat dienstbaar werk het krijgen van een redelijke vergoeding uitsluit. De innerlijke dialoog *ik kan geen geld verdienen met wat ik leuk vind* is een belangrijke egoblokkade. Ik begrijp dat dat een diepgewortelde angst is waar veel mensen last van hebben, maar als wonderdoener moeten we proberen over die overtuiging heen te komen. Als steeds meer mensen in overvloed geloven, gaat de overvloed stromen. We moeten hier heel serieus samen aan werken om die verschuiving tot stand te brengen.

- **Het ego heeft een mentaliteit van *nemen* in plaats van *geven*.** Als je vanuit je ego naar geld kijkt, denk je dat je er meer van moet hebben om gelukkig te zijn. Je geluk en zaligheid hangen dan af van een bepaalde hoeveelheid geld. 'Geven' komt pas later bij je op als 'nemen' het belangrijkste voor je is. De cursus leert: 'Wil je hebben, geef alles aan allen.' Dat is voor het ego verwarrend, maar door je spirituele beoefening krijg je helder voor ogen wat het ware doel van geven is.
- **Het ego creëert verslavende patronen rond geld.** Ik heb heel wat vrienden zien worstelen met geld-, gok- en schuldverslaving. Je kunt op allerlei manieren de macht over geld verliezen, en dat kan elk terrein van je leven beïnvloeden. Geloven dat een bepaalde hoeveelheid geld het probleem zal oplossen is nooit de oplossing. Om uit de verslavende spiraal van het ego te komen is een volledige geestelijke transformatie noodzakelijk.
- **Het ego benadrukt de externe macht van geld.** De macht die het ego aan geld verleent is heel schadelijk voor ons. Als we iets buiten onszelf macht verlenen blijkt daaruit zonneklaar dat we ons hebben aangesloten bij het ego. Als we er vanuit een onjuist perspectief naar kijken kan geld onze bron van veiligheid, geborgenheid, geluk en vrede lijken. In essentie vervangt geld dan liefde. Als we geld die macht geven projecteren we een van de onjuiste percepties van het ego op onze wereld... en dan hebben we telkens meer nodig om ons compleet te voelen. Het doel van deze week is om die compleetheid in liefde en vertrouwen te vinden in plaats van in geld.
- **Het ego gebruikt geld om je geloof in afgescheidenheid te vergroten.** Geld wordt een statussymbool voor het ego. Het stelt rijk zijn gelijk met gelukkig zijn en benadrukt het belang van externe macht. Omdat het ego gedijt op afgescheidenheid gebruikt het geld om jou verder los te maken van anderen. Als je geld hebt maakt het ego je specialer en als je dat niet hebt maakt het ego je minder speciaal.

- **Het ego is niet creatief als het om geld gaat.** Het ego overtuigt ons ervan om lineair en beperkt te denken en focust zich op manipulatieve actie om meer te krijgen. Maar je *~ing* is creatief en zal je altijd naar innovatieve oplossingen loodsen. Er zijn heel wat keren in mijn leven geweest dat ik niet wist hoe ik mijn rekeningen moest betalen. Het denken van mijn ego had dan nooit een goede oplossing en maakte het probleem alleen nog maar erger. Maar als ik me naar binnen keerde en mijn *~ing* om hulp vroeg werd ik altijd naar een wonderoplossing geleid.
- **Voor het ego is er nooit genoeg.** Zelfs als je financiële overvloed hebt bereikt, doet het ego zich nog op allerlei manieren gelden. Een daarvan is de mentaliteit van 'nooit genoeg'. Ook al bereikt het ego een bepaald doel, het wil altijd meer. Als je je vertrouwen vanuit een spiritueel perspectief reset, zorgt de kosmos voor je. Maar het ego denkt precies het tegenovergestelde. Dan word je gepusht om te streven naar meer en nooit te geloven dat je genoeg hebt.

Ik weet zeker dat deze egoprojecties je op allerlei manieren bekend in de oren klinken en dit zijn nog maar een paar van de vele manieren waarop het ego je overvloed belemmert. Tijdens de oefeningen van deze week spelen we in op subtiele verschuivingen zodat ze een krachtige verandering tot stand brengen op dit terrein van je leven.

Het kan overweldigend zijn om ernaar te kijken hoe je ego een angstige financiële blauwdruk heeft gecreëerd. Als je gewoon je rekeningen probeert te betalen en je carrière op de rails probeert te houden, lijkt het misschien veel werk om spirituele oefeningen te doen. Maar hoe het ook gaat in je carrière op dit moment, vertrouw erop dat die de perfecte opdracht is voor spirituele groei. En ik heb super te gek nieuws voor je! Deze week stop je je energie niet in actielijstjes, je schulden en de rekeningen. Doe deze oefeningen een week lang en de hele dag, ga ermee om alsof het een fulltimebaan is. Doe wat je normaal ook doet, maar zet deze oefeningen in je hoofd op de eerste plaats. Geef je helemaal over aan al je opdrachten en vertrouw erop dat je bewustwording van je innerlijke overvloed je externe overvloed zal weerspiegelen. Wonderdoener zijn is een fulltimebaan. Je bent aangenomen. En nu aan het werk!

Je kunt deze week het volgende verwachten:

- Op **dag negenentwintig** word je geleid om getuige te zijn van je financiële angsten. De oefeningen helpen je vaststellen welk financieel verhaal je ego heeft bedacht. Door het verhaal achter je financiële angst te erkennen, begin je je ervan los te maken. Onthoud dat je getuige moet zijn van je angst om met het proces van wonderbaarlijke verandering te kunnen beginnen.
- Het werk op **dag dertig** helpt je bereid te worden afstand te doen van je financiële angsten. Dit is een uiterst effectieve dag en een cruciale stap om een overvloedige wonderdoener te worden. Elke oefening helpt je je over te geven aan je innerlijke gids en toe te geven op welke manieren je leven onbeheersbaar is geworden door de angst van je ego. Het feit dat je dat erkent helpt je van je verslavende gedragspatronen met betrekking tot geld af te komen en bereidt je voor op een nieuwe financiële blauwdruk.
- **Dag eenendertig** is afgestemd op een financiële verandering. De effectiefste en spannendste manier om te stoppen met je financiële angsten is door op een nieuwe manier tegen jezelf te praten. De oefeningen van deze week zullen je helpen je innerlijke en uiterlijke gesprek over geld te veranderen. Als je rondloopt en zegt dat je blut bent, dan blijf je blut. De oefeningen van vandaag geven je de kracht om je manier van praten tegen jezelf te veranderen en je financiële vertrouwen en spirituele kracht terug te krijgen om overvloed aan te trekken.
- **Dag tweeëndertig** leidt je om te begrijpen dat dankbaarheid overvloed creëert. Als je dankbaar bent voor wat je

hebt, creëer je meer van wat je wilt. De oefeningen van vandaag leiden je om je te concentreren op de overvloed in je leven, zelfs op zoiets simpels als een warme maaltijd of honderd dollar op je bankrekening. Dankbaar zijn voor wat je hebt helpt je om je financiën te respecteren.

- Op **dag drieëndertig** werken we aan vergeving rond je financiën. Financiële angst komt voort uit ervaringen uit het verleden, en vergeving is de manier om het verleden ongedaan te maken en het heden met een schone lei te beginnen. De oefeningen van vandaag helpen je je familie, vroegere werkgevers en jezelf te vergeven. Je wordt geleid om je gedragspatronen los te laten door vergeving te beoefenen.
- **Dag vierendertig** is gewijd aan geld en wonderen. De oefeningen van vandaag helpen je je creatieve geest open te blazen. Je wordt geleid om je financiële angsten over te dragen aan je innerlijke gids en de blokkades te verwijderen die je creatieve vermogen om wonderen te ervaren in de weg staan.
- Ten slotte kijk je op **dag vijfendertig** terug op de oefeningen van de afgelopen week en bereid je je voor op de laatste week.

Ga je er helemaal voor om je angsten los te laten en een nieuwe financiële blauwdruk te creëren? Dan zullen de oefeningen van deze week je leiden om een kwantumverschuiving te ervaren. Het is niet nodig om die oefeningen jarenlang te doen als je bereid bent je angsten over te dragen. Voor onze eigen rust en ter ondersteuning van de economie moeten we ons allemaal inzetten voor die verschuiving. Laat de overvloed maar komen...

Dag negenentwintig

Getuige zijn van je financiële angsten

Vandaag ga je vaststellen welk financiële verhaal je ego heeft gemaakt. Misschien heb je al wel een idee hoe dat verhaal eruitziet, maar het kan ook zijn dat je je er totaal niet van bewust bent dat je gedachten je financiën beïnvloeden. Zoals je inmiddels weet is de stap van het getuige zijn essentieel. Wil je je financiële angsten veranderen, dan moet je ze eerlijk onder ogen zien. De enige manier om met het proces van losmaking van je ego te beginnen, is door de onjuistheid ervan te zien. Les 79 van *Een cursus in wonderen* is de overpeinzing: 'Laat me zien wat het probleem is, zodat het kan worden opgelost.' Op die boodschap doe ik altijd een beroep als ik om een spirituele oplossing vraag omdat mijn ego uitgaat van gebrek. Ik heb ooit drie uur doorgebracht in een zaal met een groep feministische schrijvers van de jongste generatie die spraken over de toekomst van het feminisme. Tijdens de discussie klaagden alle vrouwen dat ze er moeite mee hadden om geld te verdienen als journalist. Ieder lid van de groep versterkte de angst om tekort te komen van de ander en vergrootte de angst aan tafel.

Ik werd boos van die discussie. Al had ik enorm veel compassie voor hen in hun situatie, ik voelde de diepe innerlijke roeping om 'het probleem te zien zodat het kon worden opgelost'. Dus verhief ik mijn stem en ik zei: 'Er is vast een creatievere manier om hiernaar te kijken.' Daarna stelde ik innovatieve manieren voor om geld te verdienen via de sociale media, door de verkoop van advertenties en door strategische samenwerking. Mijn onderbreking zorgde ervoor dat de kwestie boven tafel kwam waardoor de groep kon zien wat het probleem was. Als we ons concentreren op ons gebrek, hoe kunnen we dan echt leiden? De schijnwerpers op het probleem zetten was de eerste stap naar de bewustwording van spirituele heling en creatieve mogelijkheden.

Deze week ga jij hetzelfde doen. Je maakt je eigen angst om tekort te komen zichtbaar, zodat je het probleem kunt herkennen en het op kunt lossen. Door er getuige van te zijn dat je angst je overvloed heeft belemmerd, ga je openstaan voor creatieve oplossingen. De oefening van vandaag is het probleem herkennen en vragen om een spirituele oplossing.

▪ Ochtendoverpeinzing **dag negenentwintig**

Laten we de dag beginnen met je ochtendoverpeinzing. Maak het je gemakkelijk op je meditatieplek. Adem diep in door je neus en uit door je mond. Lees de tekst van vanochtend en blijf daarna een minuut in stilte zitten. Voel alle gevoelens over je heen spoelen terwijl je stilzit. Word je bewust van alle verborgen emoties die achter je financiële angsten schuilgaan.

Vandaag ben ik bereid getuige te zijn van mijn financiële angsten. Zonder oordeel besteed ik aandacht aan de gebieden waarop ik voor mijn ego heb gekozen. Ik word me ervan bewust dat ik mijn overvloed heb geblokkeerd. Ik weet dat dat besef de eerste stap in de goede richting is om mijn macht weer op te eisen. Als ik getuige ben van mijn ego zie ik het als los van mijzelf. Dat geeft me de kracht om mijn angst los te laten en me te realiseren dat ik niet mijn angst om tekort te komen ben.

Affirmatie dag negenentwintig

IK BEN NIET MIJN ANGST OM TEKORT TE KOMEN.

Doe de hele dag je uiterste best je bewust te zijn van je financiële angsten. Het geeft je misschien een onprettig gevoel om naar je bankafschriften te kijken. Of misschien durf je niet te onderhandelen over je salaris uit angst dat je niet krijgt wat je wilt. Zodra je inziet dat je ego de kop opsteekt, zeg dan simpelweg: ***ik ben niet mijn angst om tekort te komen***. Deze positieve bevestiging herinnert je eraan dat je alleen maar voor de onjuiste gerichtheid van denken met betrekking tot geld hebt gekozen. Deze oefening is het startschot van het proces om je los te maken van de angst van het ego.

Als jij iemand bent die het vaak heeft over het menselijk tekort, trap dan op de rem en zeg tegen jezelf: 'Wat zeg ik nu?' Zeg elke keer dat je er getuige van bent dat je praat over gebrek in stilte 'Wat zeg ik nu?' en erachteraan ***ik ben niet mijn angst om tekort te komen.***

Vertrouw erop dat je een subtiele verandering teweegbrengt door die woorden te denken of te zeggen, waardoor je niet meer op angst focust. Onthoud dat het nodig is dat je je blijft toewijden aan de liefde. Elke keer dat je een liefdevolle gedachte hebt, zal dat je vertrouwen in overvloed versterken.

▪ Avondoefening **dag negenentwintig**

Voor de oefening van vanavond heb je je pen en je dagboek nodig. Ga lekker zitten en sla je dagboek open. Je gaat tien minuten *~ing*-schrijven over het onderwerp *wat zijn mijn financiële angsten en waar komen ze vandaan*. Laat je pen gewoon over het papier glijden en wees vriendelijk getuige van alle angsten die bovenkomen. Het is belangrijk om eerlijk te zijn over de financiële percepties van je ego zodat je ze uit de weg kunt ruimen.

Misschien ben je je er heel goed van bewust waar je je financiële angsten hebt opgedaan of realiseerde je je niet eens dat je bang was. Laat je onbewuste via jou schrijven en laat je leiden om de gedachten en de problemen bloot te leggen die je overvloed blokkeren.

Lees na afloop de zinnen die je hebt opgeschreven nog een keer door en zeg daarna dit gebed hardop:

> *Innerlijke gids, ik ben me bewust van de financiële angsten van mijn ego. Ik erken dat het ego mijn leven in zijn greep heeft en ik ben bereid het los te laten. Bedankt voor je leiding en steun. Ik ben niet mijn angst om tekort te komen. Ik ben rijk en vrij.*

Die simpele handeling versterkt je bereidheid om naar het ego te kijken en je angst over te dragen aan je innerlijke gids. Bewust kijken naar de puinhopen die je ego heeft veroorzaakt is een belangrijk onderdeel van dit veranderingsproces. Je besef van de op angst gebaseerde trucs van je ego zullen je bewuster maken van de manier waarop je gedachten je vertrouwen in overvloed hebben aangetast. Dat besef brengt je verbinding met je *~ing* tot stand. Als je je ego ziet als iets wat losstaat van jezelf word je je bewust van je liefdevolle kern en doe je onbewust een beroep op leiding. Wees niet bang om naar 'het dwaze ideetje', zoals de cursus dat noemt, te kijken. Vertrouw erop dat je door ernaar te kijken de liefde weer binnen laat komen.

Dag dertig

Bereid te veranderen

Ben je er klaar voor, wonderdoener? Want dit wordt een indrukwekkende dag! Elke oefening helpt je om je over te geven aan je innerlijke gids en om toe te geven op welke manieren je leven wordt beïnvloed door de financiële angst van je ego. En ook al heb je geen problemen met geld, dan wil ik je toch aanraden de oefeningen te doen. Misschien ontdek je een paar diepgewortelde obsessies waarvan je geen idee had dat ze er waren. Als je oprecht erkent op welke manieren de financiële angsten van je ego afbreuk hebben gedaan aan je bankrekening, je relaties en je algehele welzijn, dan begin je je open te stellen voor verandering. Soms moet je je gedrag een beetje zat worden voordat je bereid bent het te veranderen. Als je toegeeft dat je financieel aan de grond zit, kun je je openstellen voor leiding. De volgende stap om je te bevrijden van alle verslavende gedragspatronen met betrekking tot geld is het ook echt willen. We gaan je nu voorbereiden op een nieuwe, gezonde financiële blauwdruk die gericht is op wonderen.

- Ochtendoverpeinzing **dag dertig**

Begin de ochtendoefening op je meditatieplek. Ga rechtop zitten en adem diep in door je neus en uit door je mond. Bereid je voor op de overpeinzing van vanochtend. Lees die en blijf daarna een minuut in stilte zitten terwijl de woorden tot je doordringen.

Ik erken dat mijn ego angst op mijn financiën heeft geprojecteerd. Vandaag ben ik bereid om verder te kijken dan die onjuiste percepties. Ik maak mijn innerlijke gids wakker om me uit die angstige toestand te leiden. Ik ben bereid mijn innerlijke dialoog over mijn financiën te veranderen. Ik ben bereid mijn angsten los te laten.

Affirmatie dag dertig

IK BEN BEREID MIJN INNERLIJKE DIALOOG OVER MIJN FINANCIËN TE VERANDEREN.

De bevestiging van vandaag kun je boven op je oefening van getuige zijn gebruiken. Als je je financiële angsten de kop op ziet steken, zeg dan gewoon hardop: **ik ben bereid mijn innerlijke dialoog over mijn financiën te veranderen.** Daarmee bevestig je opnieuw je bereidheid om in plaats van liefde angst te zien. Geniet van de energetische verschuiving die deze affirmatie je te bieden heeft. Of zoals het in les 32 van de cursus wordt verwoord: 'Ik heb de wereld die ik zie bedacht.' Door te accepteren dat je innerlijke dialoog over geld je uiterlijke overvloed heeft beïnvloed kun je ervoor kiezen om tot een nieuwe ervaring te komen door je gedachten en woorden. De affirmatie van vandaag is heel open. Je hoeft geen statement te onderschrijven waar je niet in gelooft. De bedoeling is dat je je ervoor openstelt om je innerlijke dialoog te veranderen zodat je een nieuwe financiële realiteit in het leven roept.

▪ Avondoefening **dag dertig**

De oefening van vanavond helpt je je bewuster te worden van de trucs van het ego en je bereidheid te vergroten om in plaats daarvan liefde te zien. Haal je dagboek tevoorschijn en beantwoord de volgende vragen. Schrijf zo weinig of zoveel als je wilt. Maar wees wel eerlijk.

- In welke zin geloof ik in tekort? Bijvoorbeeld: ik geloof niet dat ik met mijn beroep ooit geld zal verdienen. Of: ik denk dat ik nooit meer uit de schulden kom.
- Geloof ik dat ik geen geld kan verdienen met doen wat ik leuk vind?
- Op wat voor manieren geef ik eerder blijk van een mentaliteit van ‘nemen’ dan van ‘geven’?
- Ben ik verslaafd aan de roes die geld me bezorgt? Hoe is die verslaving zichtbaar in mijn leven?
- Heb ik aan geld uiterlijke macht toegekend? In welke opzichten?
- Hoe hebben mijn gedachten en daden mijn ervaring van tekort versterkt?

Ben je ermee klaar, neem dan even de tijd om na te denken over wat je hebt geschreven. Je kunt in de verleiding komen om je eigen eerlijke antwoorden te gaan beoordelen. Doe dat niet, want dit gaat niet om beoordelen, maar om dingen helder krijgen. Zeg dit gebed op om elk oordeel los te laten.

Innerlijke gids, ik heb opnieuw mijn ego onderzocht. Ik zie in dat ik verkeerd heb gekozen en ik verwelkom een ~ing-*terventie. Ik nodig jouw innerlijke leiding uit om me te helpen die angsten weer in overvloedige liefde te veranderen.*

Dag eenendertig

Een financiële verschuiving

Elke oefening van deze week zal je helpen om te veranderen hoe je over geld praat tegenover jezelf en tegenover anderen. De effectiefste manier om te stoppen met je financiële angsten is door te beginnen met een nieuwe innerlijke dialoog. Want het zit zo in elkaar: als jij de hele dag denkt en zegt dat je blut of arm bent of moet ploeteren, dan versterk je je tekort alleen maar. Je gedachten vormen je ervaringen, dus elke keer dat je denkt 'ik ben blut' of iets dergelijks, zorg je ervoor dat je ook echt tekortkomt. Voor de oefeningen van vandaag heb je de bereidheid nodig om over je kernovertuigingen heen te stappen en je open te stellen voor een volkomen nieuw perspectief.

- Ochtendoverpeinzing **dag eenendertig**

Om je voor te bereiden op de indrukwekkende verschuivingen die vandaag plaatsvinden, beginnen we met beide voeten op de grond. Maak het je gemakkelijk op je meditatieplek en adem drie keer diep in door je neus (adem elke keer uit door je mond). Neem daarna even de tijd om de ochtendoverpeinzing te lezen. Blijf vervolgens een minuut in stilte zitten en ervaar wat deze woorden in jou veranderen.

Vandaag verander ik van mening over mijn financiën. Ik zet me ervoor in me te concentreren op wat ik heb in plaats van op wat ik mis. Ik beloof dat ik vandaag bewust woorden van waardering en overvloed ga gebruiken.

Affirmatie dag eenendertig

IK KIES ERVOOR OM IN OVERVLOED TE GELOVEN EN IK ACCEPTEER DIE OVERTUIGING ALS MIJN REALITEIT.

Kiezen is het belangrijkste woord in deze positieve bevestiging. Als je rond zou lopen en alleen maar zou zeggen 'Ik geloof dat ik rijk ben,' dan is de kans groot dat je ego je ervan zou overtuigen om dat niet te geloven.

Het is prima als je nog niet in deze affirmatie gelooft. Het kost tijd om je overtuiging te veranderen. Daarom zal het je echt helpen om gedurende dit proces de woorden 'ik kies ervoor' te benadrukken. Bewust, vol inzet beslissen om te kiezen voor overvloed in plaats van tekort is het enige wat je vandaag hoeft te doen. Dus als je vandaag merkt dat de angst om tekort te komen van je ego de kop opsteekt, zeg dan simpelweg hardop: **ik kies ervoor om in overvloed te geloven en ik accepteer die overtuiging als mijn realiteit.**

Als je anders naar je financiën gaat kijken, voel je dankbaarheid voor je spirituele rijkdom. Om dat gevoel nog te vergroten stel ik je voor om het eeuwenoude spirituele principe van tienden geven te beoefenen, dat een enorme bijdrage levert aan je innerlijke overvloed. Het idee van de tienden houdt in dat je 10 procent van je inkomen geeft aan een plek waar je spiritueel wordt gevoed. Die donatie kan naar je kerk, synagoge of moskee gaan, maar ook naar je yogastudio. 10 procent van je inkomsten weggeven is eerst misschien een beetje veel voor je ego. We houden het dus simpel. Deze week nodig ik je uit om daar in elk geval je best voor te doen. Dat kun je doen door 10 procent van je inkomsten van één week of door gewoon twintig euro te doneren. Als spiritueel leraar krijg ik vaak giften van mijn spiritjunkievolgelingen. Of het nu gaat om tien of om tweehonderd dollar, ik voel dezelfde energie van dankbaarheid en liefde. Geef zoveel als je kwijt wilt. Geld geven aan een plek waar je spiritueel wordt gevoed is een statement aan de kosmos dat je gelooft dat overvloed gedeeld moet worden. Door je rijkdom te delen, creëer je meer rijkdom.

- Avondoefening **dag eenendertig**

De oefening van vanavond is een voelmeditatie die je zal helpen je energetische verandering met betrekking tot je financiën te verdiepen.

- Ga in een comfortabele houding zitten op je meditatieplek.
- Hou je handpalmen omhoog en adem diep in door je neus en uit door je mond.
- Haal je een scenario voor de geest waarin je werd geconfronteerd met financiële angst.
- Laat al je emoties maar komen. Ontken ze niet.
- Breng je ademhaling naar de plek van je lichaam waar je ongemak bespeurt. Adem er diep doorheen.
- Voel je ongemakkelijkheid en wees erbij aanwezig.
- Voel jezelf zachter worden terwijl je je angst ervaart en zeg vriendelijk tegen jezelf: *er is een andere manier om hiernaar te kijken.*
- Adem in: *ik kies ervoor om in plaats hiervan overvloed te zien.*
- Adem uit: *ik laat mijn angst voor mijn financiën los.*
- Adem in: *ik verwelkom een nieuw perspectief.*
- Adem uit: *op dit moment verwelkom ik loslating.*

Blijf vijf minuten in stilte zitten en laat je innerlijke gids tevoorschijn komen. Laat de stem van de liefde je geest binnenkomen en je naar nieuwe creatieve beelden leiden. De liefdevolle stem van je *~ing* zal je altijd uit de angst naar een nieuw perspectief brengen.

Wees geduldig. Misschien vind je het eerst moeilijk om contact te maken met je *~ing*. Dat is normaal. Het geloof van je ego is nu eenmaal sterk; raak daardoor niet ontmoedigd. *Een cursus in wonderen* herinnert ons eraan: 'De aanwezigheid van angst is een betrouwbaar teken dat jij op je eigen kracht vertrouwt.' Hoewel het goed kan lijken om op je eigen kracht te vertrouwen, zijn de oefeningen in dit boek bedoeld om je te leren bouwen op een kracht die groter is dan jijzelf. Gebruik deze meditatie de hele week en nodig je innerlijke gids uit tevoorschijn te komen voor helende transformatie. Ook al voel je maar heel even verlichting, dan is er een wonder gebeurd. Verwelkom alle subtiele veranderingen.

Dag tweeëndertig

Dankbaarheid schept overvloed

Goedemorgen, wonderdoener! Bereid je psychisch voor op de oefeningen van vandaag, want je gaat je dankbaarheidsspieren trainen. Door te focussen op wat je hebt, creëer je overvloedsenergie en die energie trekt meer aan in je leven. Vandaag gaan we ons helemaal inzetten voor nieuw respect voor je financiën.

Veel mensen die gevangenzitten in financiële angst worden helemaal apathisch. Waarom? Omdat angst er inhakt. Deze mensen zullen zich vanuit de misplaatste poging om angst te vermijden beperken in hun mogelijkheden. De angst belemmert hen om naar hun bankafschriften te kijken, om te proberen die geweldige promotie in de wacht te slepen, te sparen voor de dingen die ze leuk vinden, enzovoorts. Veel mensen zijn zo bang voor financiële instabiliteit dat ze daarom maar helemaal niet meer naar hun financiën kijken. Dat patroon zorgt voor een vervelende spiraal die leidt tot nog meer bezorgdheid en tot een nog onbehaaglijker gevoel.

De oefening van vandaag brengt subtiele verschuivingen teweeg in je gedrag met betrekking tot geld en biedt je een nieuw perspectief om met geld om te gaan. Of je nu diep in de schulden zit of puissant rijk bent, dit is voor iedereen belangrijk.

Aandacht en respect voor je financiën is een van de manieren om jezelf te respecteren. Het werk van vandaag zal je bewustzijn van de aanwezigheid van kosmische energie op het terrein van jouw financiën vergroten. De schrijver over het Nieuwe Denken, Joseph Murphy, raadt je aan je rekeningen te zegenen en erop te vertrouwen dat God voor je zorgt. Dat is een veel dankbaarder manier om met je financiën om te gaan.

- Ochtendoverpeinzing **dag tweeëndertig**

Maak het je gemakkelijk op je meditatieplek en adem drie keer diep in door je neus en uit door je mond. Als je er klaar voor bent, lees dan de tekst hieronder. Blijf daarna een minuut in stilte zitten en laat je innerlijke gids tevoorschijn komen en de hele dag deel uitmaken van je bewustzijn.

Vandaag focus ik op alles wat ik heb. Mijn dankbaarheid prikt door mijn onjuiste geloof in tekort en angst heen. Ik concentreer me liever op wat ik wel heb dan dat ik mijn financiële angsten vermijd. Ik ben dankbaar voor wat ik op dit moment heb.

Affirmatie dag tweeëndertig

IK BEN DANKBAAR VOOR WAT IK HEB, EN IK VERWELKOM ALLE GESCHENKEN DIE DEZE DAG ZAL BRENGEN.

Gebruik deze affirmatie vandaag op de momenten dat je je weer overgeeft aan tekort of angst of jezelf aanvalt over je financiën. Kom weer in verbinding met de overvloed in jezelf als je het gevoel hebt dat het je daaraan ontbreekt. Neem er vandaag telkens weer de tijd voor om te bevestigen dat je op dit moment genoeg hebt.

- Avondoefening **dag tweeëndertig**

In de geest van dankbaarheid helpt de oefening van vanavond je om je overvloed energetisch nog meer te ondersteunen.

Maak een lijstje van alles waar je dankbaar voor bent. Laat niets weg, niets is te groot of te klein om er wel of niet op te passen. Ga daarna de lijst punt voor punt af en zegen in stilte je overvloed.

Ik noem een voorbeeld: *ik ben dankbaar voor mijn huis. Ik zegen de overvloed in mijn leven en omring mijn huis met liefde en licht.*

Of: *ik ben dankbaar voor het eten op mijn tafel. Ik zegen deze maaltijd en beziel elke hap met liefde en licht.*

Gebruik deze woorden om in stilte alles te zegenen waar je dankbaar voor bent. Vertrouw erop dat deze oefening alles zal vergroten wat al overvloedig aanwezig is in je leven.

Door dankbaarheid in je financiën te brengen verandert je energie met betrekking tot geld. Dankbaarheid leidt ertoe dat je respecteert wat je hebt en het kleine eert. Het ego zuigt je diep het tekort binnen, vergelijkt met anderen en valt anderen en jezelf aan. Dankbaarheid doet juist het tegenovergestelde. Een dankbaar financieel perspectief houdt in: liefde en respect voor alles wat je hebt en voor de rijkdom van anderen. De dankbare wonderdoener weet dat de overvloed die hij bij anderen ziet een weerspiegeling is van zijn eigen vermogen tot overvloed. Blijf dus niet vergelijken en aanvallen, maar begin de overvloed om je heen te waarderen. Door wat je ziet te respecteren, ga je het als een magneet aantrekken.

Dag drieëndertig

Vergeving, ook als het om geld gaat

De oefeningen van vandaag zullen helpen je onjuiste percepties met betrekking tot geld ongedaan te maken. Vergeving is de katalysator om je negatieve kernovertuigingen over te dragen en je vertrouwen in wonderen te herstellen. Als je echt in de rats zit over je financiën is de kans groot dat een overtuiging van vroeger je gedrag nu beïnvloedt. Misschien ben je opgegroeid met gebrek en ervaar je ook nu gebrek in je leven. Of je bent veel geld kwijtgeraakt, waardoor je je financiën op een ongezonde manier onder controle probeert te houden. Het ego maakt op allerlei manieren gebruik van financiële drama's uit het verleden om in het heden chaos te creëren.

Dit is het moment waarop je met vergeving aan de slag moet. Als jij je eigenwaarde verbindt met je financiële waarde dan val je jezelf waarschijnlijk al een hele tijd aan. Word je vandaag bewust van de manier waarop je ego je financiën heeft gebruikt om jou aan te vallen. Door jezelf te vergeven ben je een stuk verder in het proces om jezelf van financiële angst te bevrijden. Wat ook veel helpt is je vroegere ervaringen met geld vergeven. Door de vergevingsoefening van vandaag pel je die valse projectie af en zorg je voor een nieuwe perceptie.

- Ochtendoverpeinzing **dag drieëndertig**

We beginnen de oefening van vandaag met een ochtendoverpeinzing waardoor je aankomt in het nu. Ga comfortabel zitten op je meditatieplek en adem diep in door je neus en uit door je mond. Lees de tekst voor vanochtend hardop en blijf daarna een minuut in stilte zitten. Voel alle emoties die naar boven komen door je toewijding aan de volgende woorden.

Ik vergeef mijn financiële geschiedenis. Vandaag wis ik al mijn boosheid, wrok en aanval op mezelf en anderen uit door vergeving te beoefenen. Elke keuze die ik in het verleden heb gemaakt is exact zoals die zou moeten zijn. Door die keuzes ben ik naar dit moment geleid. Vandaag laat ik me leiden door vergeving. Ik accepteer mijn verleden, laat het los, vergeef het en concentreer me weer op dit moment. Ik laat los en verwelkom een nieuwe perceptie van geld.

Affirmatie dag drieëndertig

VERGEVING BIEDT ALLES WAT IK WENS. (Uit: *Een cursus in wonderen*)

De affirmatie van vandaag komt rechtstreeks uit ***Een cursus in wonderen***. De boodschap 'Vergeving biedt alles wat ik wens' is een perfect geheugensteuntje als het gaat om het loslaten van de financiële percepties van het ego. Door ons ego verkeren we in de waan dat we een bepaalde hoeveelheid geld willen omdat onze problemen dan verdwijnen, terwijl we alleen maar gelukkig willen zijn. De cursus stelt: 'Vergeving is de sleutel tot geluk.' Als je dus je geluk hebt gezocht in een bepaalde hoeveelheid geld, gaan we er vandaag aan werken om dat perspectief te veranderen.
Gebruik deze positieve bevestiging vandaag telkens weer om je eraan te herinneren dat je precies op de plek bent waar je moet zijn. Elk moment dat naar dit punt toe heeft geleid, heeft je kansen geboden om te leren en te groeien. Vandaag is een dag om die ervaringen van vroeger echt los te laten zodat je een nieuwe werkelijkheid kunt omhelzen en vervuld wordt door je innerlijke toestand van rust. We gaan je liefdesbankrekening vullen en vergeven!

▪ Avondoefening **dag drieëndertig**

De oefening van vanavond is een vergevingsoefening met betrekking tot financiën. Je wordt er in drie stappen doorheen geleid. Neem er de tijd voor en onthoud dat je deze drie stappen altijd weer kunt gebruiken om alle wrok en angst te vergeven.

1 **Bepaal wie je moet vergeven als het om je financiën gaat.** Misschien ben je dat zelf. Of is het een vroegere werkgever of een familielid. Word je er nu van bewust wie boven aan de financiële vergevingslijst staat en schrijf zijn of haar naam in je dagboek.
2 **Wees je bewust van je eigen aandeel in de situatie.** Probeer niet te veel na te denken over deze stap. Wat is jouw aandeel? Door je bewuster te worden van de manier waarop je aan de lastige relatie of de wrok hebt bijgedragen, voel je meer bereidheid om te vergeven. Als je je eigen aandeel in elke situatie ziet, kun je je losmaken van verwijt en oordeel. En misschien realiseer je je wel dat jijzelf degene bent die je echt moet vergeven. Ga vijf minuten lang *~ing*-schrijven over hoe je zelf hebt bijgedragen aan wrok.
3 **Wees bereid de wrok los te laten en nodig je innerlijke gids uit je te laten zien wat je moet doen.** Dit is een mooie laatste stap, omdat die je de kans biedt om je verlangen om te vergeven over te dragen en je door je *~ing* de weg te laten wijzen. Zoals je nu kunt zien is een belangrijk onderwerp van *Een cursus in wonderen* om de Heilige Geest, oftewel je *~ing*, om hulp te vragen. Als je er klaar voor bent, zeg dan het volgende gebed hardop en doe een beroep op je *~ing* om je door het proces van vergeving heen te leiden.

Innerlijke gids, ik verwelkom je om mijn vergevingsproces te leiden. Ik zie in dat deze wrok me niet langer van dienst is en ik ben bereid alle obstakels te verwijderen die mijn overvloed belemmeren. Ik draag deze relatie aan jou over en verwelkom je leiding. Wijs me de weg om te vergeven.

Als je de drie stappen hebt afgewerkt kun je gaan slapen in de wetenschap dat het proces in gang is gezet. Vertrouw erop dat de vergeving plaatsvindt zonder dat jij je daarvoor hoeft in te spannen. Wees gewoon getuige van de opdrachten die naar je toe komen en vertrouw erop dat de kosmos een plan heeft. In veel gevallen zul je fantastische kansen krijgen om lessen te leren. Als er dus dingen naar boven komen die je een ongemakkelijk gevoel bezorgen, verwelkom ze dan met open armen en bedenk dat ze je een kans bieden om te vergeven. Deze oefening zal je bevrijden, je geweten zuiveren en ervoor zorgen dat je op een liefdevolle manier naar je financiën kijkt.

Dag vierendertig

Geld en wonderen

Je ego is lineair en beperkt, en focust zich op actielijstjes en praktische aspecten, terwijl je *~ing* creatief, ruim en vernieuwend is. Vandaag open je je creatieve geest, ook al zie je jezelf misschien niet als 'creatief'. Door contact te onderhouden met je *~ing* krijg je hulp om je bewuster te worden van wonderen, waardoor je een financiële overvloed aantrekt die je je nooit had kunnen voorstellen.

Wonderbaarlijke steun is voor ons allemaal beschikbaar. We moeten er gewoon op vertrouwen dat de kosmos een plan voor ons heeft. Als we dat vertrouwen hebben, kunnen we die steun ook ontvangen. 'Ontvangen' is het belangrijkste woord hier. Julie, een cliënt van me die ik coach, had jaren geprobeerd om haar bedrijfje te laten groeien vanuit de benadering van haar ego: ze werkte te hard, probeerde het aantal uren binnen de perken te houden en ging over haar grenzen om het haar klanten naar de zin te maken. Samen met mij leerde ze er een gewoonte van te maken om de kosmos om hulp te vragen en kosmische energie in haar bedrijfje te verwelkomen. Door de kosmische energie als haar zakenpartner te accepteren, begon ze zich meer ontspannen te voelen. Haar rustige uitstraling versmolt met haar relatie met klanten, met de manier waarop ze haar omzet benaderde en met haar bedrijf in het algemeen. De controle loslaten en de kosmos het laten overnemen is exact wat Julie moest doen om haar energieveld open te stellen om de zakelijke groei te ontvangen die ze had gezocht. Jij ontvangt net als Julie meer energie, leiding en steun als je de kosmische energie uitnodigt in je leven.

- Ochtendoverpeinzing **dag vierendertig**

Vandaag maken we een begin met het sterker maken van je ontvankelijkheidsspieren en vergroten we je vertrouwen in wonderen. We beginnen de dag met een ochtendoverpeinzing over ontvangen. Maak het je gemakkelijk op je meditatieplek en adem een paar keer diep in door je neus en uit door je mond. Lees als je daarmee klaar bent de tekst voor vanochtend en blijf daarna een minuut in stilte zitten met je handpalmen omhoog. Met dat gebaar geef je aan dat je bereid bent om te ontvangen.

Vandaag verwelkom ik oneindige mogelijkheden. Ik accepteer de steun van de kosmos met open armen. Ik weet dat er nu creatieve overvloed voor mij beschikbaar is. Ik verwacht wonderen.

Affirmatie dag vierendertig

IK VERWELKOM ONEINDIGE MOGELIJKHEDEN. IK ZAL ONTVANGEN.

Maak dit tot je mantra voor vandaag. Doe net als de eerste dagen toen je begon met oefenen: creëer vandaag een paar wondermomenten door de wekker op je computer of telefoon te zetten. Als je het seintje voor je wondermoment ziet of hoort, zeg dan je bevestiging op. Laat deze woorden vrede brengen in je geest en enthousiasme in je hart. Weet dat er nu oneindig veel creatieve mogelijkheden en wonderen voor je beschikbaar zijn.
Blijf geloven in creatieve mogelijkheden voor overvloed en verwacht wonderen. Vertrouwen krijgen kost tijd, wees dus geduldig. Hoe meer je je geloof bevestigt, hoe meer vertrouwen je hebt. Geloven ondersteunt ontvangen, ga dus serieus met deze oefening aan de slag en versterk je geloof.

- Avondoefening **dag vierendertig**

We sluiten de dag af met een meditatie van ontvangen. Volg de uitgeschreven meditatie hieronder of download de audiomeditatie op www.gabbyb.tv/meditate.

Meditatie van ontvangen

- Maak het je gemakkelijk op je meditatieplek.
- Ga rechtop zitten met je handpalmen omhoog.
- Adem diep in door je neus en uit door je mond.
- Blijf tijdens je meditatie zo ademen.
- Adem in en nodig de kosmos uit om je te steunen en te leiden.
- Adem uit en draag je verlangens over aan de zorgen van je innerlijke gids.
- Adem in: *ik verwacht wonderen.*
- Adem uit: *ik zal ontvangen.*
- Adem in: *ik geloof in creatieve mogelijkheden voor overvloed.*
- Adem uit: *ik zal ontvangen.*
- Adem in: *ik heb geduld en vertrouwen.*
- Adem uit: *ik zal ontvangen.*
- Adem in: *ik weet dat ik word geleid.*
- Adem uit: *ik zal ontvangen.*

Blijf met deze mantra's doorgaan terwijl je in- en uitademt. Vertrouw erop dat je het de kosmos duidelijk hebt gemaakt dat je klaar, bereid en ertoe in staat bent om alle overvloedige geschenken te ontvangen die op je afkomen. Een belangrijk onderdeel van dit proces is je actielijstjes en controlerende gedrag loslaten. Als je een stapje terugdoet en je op je gemak gaat voelen bij je vertrouwen in wonderen, kan de kosmos je naar alles toe leiden wat je nodig hebt. Ga jezelf uit de weg en maak je klaar om te ontvangen!

Dag vijfendertig

Reflectie en voorbereiding

Het is belangrijk om te begrijpen dat de oefeningen van deze week slechts het begin zijn van een nieuwe financiële blauwdruk. Je toegewijde inzet zal je naar nieuwe wonderbaarlijke veranderingen leiden. Geld is een van de beste manieren van het ego om je in de greep van afgescheidenheid en angst te houden. De wereld om je heen heeft het er niet gemakkelijker op gemaakt om over de angst van het ego heen te komen. Ga daarom serieus aan de slag met de oefeningen van deze week en vertrouw erop dat de subtiele verschuivingen die deze week al in je hebben plaatsgevonden het begin zijn van een proces dat je angst opruimt om in overvloed te kunnen ontvangen.

- Ochtendoverpeinzing **dag vijfendertig**

Als je terugkijkt op de oefeningen van deze week onthoud dan dat echte overvloed het gevolg is van innerlijke overvloed. Blijf toegewijd aan die waarheid terwijl je verdergaat met oefenen. Trek er vandaag wat tijd voor uit om terug te komen op je spirituele beoefening van deze week. Pak een markeerstift en markeer in je dagboek momenten van doorbraak. Maak een lijstje van alle verschuivingen die er deze week voor jou zijn opgetreden. Hou ze in ere, want in subtiele verschuivingen vindt echte verandering plaats.

▪ Avondoefening **dag vijfendertig**

Het is nu tijd om je voor te bereiden op de laatste week van deze spirituele weg. Neem de tijd om de inleiding op Week zes te lezen: wonderen doen. Je hebt er stevig je best voor gedaan om je percepties van jezelf en je eigen leven te veranderen. Nu is het tijd om deze oefening te verbreden naar je bewustzijn van de wereld om je heen.

Als je de uitnodiging aanneemt om een wonderdoener te worden, weet je intuïtief dat het de bedoeling is dat je de liefde gaat delen. De oefeningen in Week zes zullen je leiden op je weg om een wonderdoener in de wereld te worden en om je vertrouwen in wonderen aan te wenden voor het welzijn van iedereen.

Week zes
Wonderen doen

Voel je je hulpeloos, ga dan iemand helpen.
- Aung San Suu Kyi

Samen hebben we op deze reis van nieuwe percepties elke dag opnieuw de boodschap van de cursus bevestigd dat 'alleen liefde werkelijk is'. Elke oefening in dit boek is een uitnodiging geweest aan je innerlijke gids, die jij nederig vraagt je terug te leiden naar onwrikbaar vertrouwen. Je *~ing* wil je die waarheid graag leren, maar jij moet om hulp blijven vragen.

'Alleen liefde is werkelijk' is een boude bewering, en een bewering die het ego niet kan begrijpen. Daarom adviseert de cursus je ook niet om de angst van de wereld te ontkennen, maar om je *~ing* uit te nodigen je te leiden naar de juiste perceptie van die angsten. Als je je wereldse angsten naar je *~ing* brengt, word je geleid om kracht te vinden in machteloze situaties, om oplossingen te vinden in plaats van in de put te gaan zitten. Je wordt teruggeleid naar de liefde. Subtiele dagelijkse verschuivingen in de richting van de liefde helpen je je focus anders te richten waardoor je wonderbaarlijke veranderingen van waarneming ervaart.

Elke subtiele verandering die je tot dusverre hebt ondergaan heeft je aardse angsten overgedragen aan je *~ing* voor heling. Elke keer dat je je *~ing* bent gevolgd in plaats van je ego, heb je je innerlijke gids uitgenodigd om je angst anders uit te leggen, vanuit een liefdevol perspectief. Door dat te doen werd je naar een nieuwe perceptie geleid, een wonder. Nu je bent teruggekeerd naar je waarheid, begrijp je dat je vanuit je vertrouwen in wonderen je angst niet moet ontkennen maar juist moet zien als een opdracht om te leren en te groeien. Wanneer je deze spirituele beoefening eenmaal bent gaan beschouwen als een verplichting voor het leven, realiseer je je dat de transformatie niet voor jou alleen is. Dan besef je dat je hier bent om dit geschenk te gebruiken om licht te laten schijnen op de donkere wereld om je heen. Je wordt een wonderdoener in de wereld. Als je begint te begrijpen hoe essentieel liefde is voor de genezing van de wereld, krijgt je wonderwerk een volkomen nieuwe betekenis. Neem bijvoorbeeld Gandhi, die door de kracht van de liefde bergen kon verzetten. Gandhi's loyaliteit aan de liefde leidde tot de onafhankelijkheid van India en betekende het begin van bewegingen voor geweldloosheid, burgerrechten en vrijheid over de hele wereld. Jij hebt het vermogen om de Gandhi in jou tevoorschijn te halen en een wonderdoener in de wereld te worden.

Toen je dit boek pakte realiseerde je je misschien niet waar je aan begon. Misschien dacht je dat je een relatie zou helen, meer geld zou gaan verdienen of over een verslaving heen zou komen. Of je hoopte alleen dat je van een paar angsten af zou komen. Ik ga ervan uit dat je inmiddels een deel van die doelen hebt bereikt. Nu is het tijd om de volgende stap te zetten. Wonderdoener zijn is niet alleen negatieve kernovertuigingen loslaten en gelukkig worden, maar het houdt veel en veel meer in. Wonderdoener zijn is een oefening in persoonlijke groei die leidt tot een verandering van de wereld. Het ware doel van dit werk is om je geest te genezen zodat je meer effect op de wereld kunt hebben.

Of je het je nu realiseert of niet, door dit boek te pakken heb je een belangrijke uitnodiging aangenomen: de uitnodiging om te helpen de wereld te dienen. Probeer daar niet te veel over in te zitten. Het ego heeft sluwe manieren om ons ervan te weerhouden de wereld te dienen door ons ervan te overtuigen dat we hulpeloos zijn. Als wonderdoener ben je zo verstandig om geen partij te kiezen voor het ego. Je weet dat je niet langer machteloos bent. De spirituele verbinding die je tot stand hebt gebracht is de grootste kracht die je te bieden hebt. De meest prominente genezers, leraren en leiders zijn mensen die nee zeiden tegen hun angst en hun *~ing* tot gids kozen. Wonderdoeners als Jezus, Boeddha, Gandhi, Nelson Mandela en moeder Teresa zijn indrukwekkende voorbeelden; zij kozen ervoor om hun pijn te veranderen in hun doel om liefde en verandering te verbreiden.

Die wonderdoeners hebben zo’n grote en blijvende invloed op de wereld gehad doordat zij collectief weerklank vonden. Hoewel ons ego ons ervan heeft overtuigd om onszelf als afzonderlijke lichamen te zien met individuele ervaringen, wijst de cursus ons erop dat we eraan moeten blijven denken dat we allemaal één zijn. We delen het collectieve bewustzijn van de liefde. Elke keer dat iemand voor liefde kiest in plaats van voor angst wordt diegene een brug voor alle anderen die ervoor kiezen die weg te bewandelen. Als je voor liefde kiest, creëer je een nieuw energiepatroon. Het patroon van liefde wordt toegankelijker naarmate meer mensen ervoor kiezen. De wereld van het ego is vervuld van angst, aanval, oordeel en oorlog. Nu jij de weg bent ingeslagen van vertrouwen in wonderen, heb je gekozen voor een nieuwe manier om op die angst te reageren. Deze week gaan we serieus op die bewuste beslissing in en begrijpen we welk effect onze keuzes op de wereld hebben.

Een indrukwekkend voorbeeld van een wonderdoener wier eigen verlichting veel invloed had op de mensen om haar heen, was een vrouw die Nani Bala Barua heette, later Dipa Ma genaamd. Toen Nani zestien was, trouwde ze en ze verhuisde met haar man naar Birma. Twee jaar later overleed onverwachts haar moeder waardoor Nani's broertje van twee achterbleef en Nani de zorg voor hem op zich nam. Het zou nog jaren duren voordat Nani zelf een kind kreeg. Op haar vijfendertigste beviel ze van een dochter, maar dat kindje overleed al na drie maanden. Op haar negenendertigste kreeg ze weer een meisje, dat de naam Dipa kreeg, waardoor Nani zelf Dipa Ma werd genoemd, oftewel 'moeder van Dipa'. Hoewel Dipa dus gelukkig in leven bleef, verloor Dipa Ma nog meer dierbaren. Een zoontje stierf tijdens de bevalling en kort daarna overleed haar man plotseling.

Door hun overlijden had Dipa Ma veel verdriet en pijn. Ze kon geen troost vinden, maar omdat ze niet aan een gebroken hart wilde sterven, stelde ze zich open voor hulp. Dipa Ma's bereidheid om zich over te geven, nodigde haar innerlijke gids uit om haar in haar slaap een boodschap door te geven. (Onze *~ing* spreekt vaak met ons via dromen.) In haar droom verscheen Boeddha met de volgende boodschap: 'Je vastklampen aan wat je dierbaar is brengt verdriet, je vastklampen aan wat je dierbaar is brengt angst. Wie vrij van het geliefde is, heeft geen verdriet of angst.' Dipa Ma interpreteerde die leiding als teken om haar leven aan het boeddhisme en vipassanameditatie te wijden zodat ze echte rust en geluk zou vinden. Dat deed ze dan ook. Dipa Ma werd een meester in meditatie.

Ze ging er ook in lesgeven. En zoals de cursus zegt: 'Als de leraar er klaar voor is, verschijnen de leerlingen.' Die leerlingen leken op haarzelf: het waren huisvrouwen. Dipa Ma leerde hun verlichting te vinden in het huisvrouw zijn. Door wat ze voor hen betekende werd ze later de huishoudheilige genoemd.

Dipa Ma gaf ook les aan beroemde Amerikaanse boeddhistische leraren als Joseph Goldstein, Jack Kornfield en Sharon Salzburg. Haar toewijding aan meditatie en haar geloof in verlichting hadden invloed op de wereld. Haar geest blijft tot op de dag van vandaag spiritueel zoekenden inspireren. Het verhaal van Dipa Ma laat ons allemaal zien dat we de kracht hebben om grote veranderingen in de wereld tot stand te brengen, zelfs vanuit ons eigen vertrouwde huis.

Zoals ik eerder al zei herinnert het voorbeeld van Dipa Ma ons eraan dat als de leraar er klaar voor is, de leerlingen verschijnen. Dat was bij mij ook het geval. Toen ik me aan de cursus ging wijden werd meteen duidelijk dat ik leraar zou worden. Ik begon gratis lezingen te geven voor plaatselijke vrouwenorganisaties en universiteiten. Algauw begon ik mijn eigen lezingencircuit, waarvoor ik iedereen die ik kende uitnodigde. Veertig mensen werden er honderd, daarna tweehonderd en nu word ik live en online door meer dan duizend mensen gevolgd. Hoe meer ik groeide in mijn rol van leraar, hoe meer leerlingen ik kreeg. Die leerlingen lijken op mij. Zoals Dipa Ma de zoekende huisvrouwen aantrok, trek ik spiritjunkies aan, de nieuwe golf spiritueel zoekenden, die er klaar voor zijn om de relatie met hun innerlijke gids wakker te schudden. Als jij groeit in je eigen spirituele beoefening, krijg ook jij de leiding om op jouw eigen manier les te gaan geven. Door naar je *~ing* te luisteren, weet je 'waar je naartoe moet gaan, wat je moet zeggen en wat je moet doen', zoals de cursus zegt. Om les te geven in de liefde heb je geen expertise nodig. Alleen het verlangen om te dienen en te helen.

Zoals gebruikelijk zal het ego zich verzetten tegen wonderbare leiding, maar omdat je beseft hoe sluw je ego kan zijn, ben je er goed op voorbereid om de volgende stappen te zetten naar innerlijke kracht en vrede. Vergeet niet wat deze week nodig is: blijf toegewijd aan de liefde en kies er elke keer weer voor om anders naar angst te kijken. Ik geef je een paar effectieve manieren om verbonden te blijven met de spirituele beoefening van deze week.

De wonderdoeneroefeningen van deze week leggen de basis om je licht met de wereld te gaan delen. Onthoud de volgende vier stappen en je zult leren je ware roeping te volgen.

Een: je doel is je geest genezen.
Twee: wees telkens weer getuige van de angst die je belemmert in je doel en draag die over.
Drie: luister naar je *~ing* en vertrouw op de weg.
Vier: kies voor de liefde en besef dat je het patroon van de wereld verandert.

Elke dag van deze week zal de wonderdoener in jou wakker maken. De oefeningen in dit boek hebben je voorbereid op deze week. Wees getuige, blijf bereid, omhels de verschuivingen, wees dankbaar... en als je twijfelt, kies dan voor vergeving. Als je dat doet weet je wat je nodig hebt om zo goed mogelijk dienst te kunnen doen als wonderdoener. Je zult ontdekken dat de wereld dienen je de meeste bevrediging en rust geeft.

Ik geef je hier een opsomming van de fantastische oefeningen van deze week die je vertrouwen in wonderen zullen versterken en je zullen leiden om de wereld van dienst te zijn.

- Je bent nu op een punt gekomen dat je je bewust bent van de manieren waarop je ego je kan tegenwerken. De oefeningen van **dag zesendertig** helpen je dat bewustzijn nog meer te vergroten en in te zien welk effect je ego heeft op je vermogen om te dienen. Elke keer dat je vandaag getuige bent van je angst, word je geleid om eraan te denken dat je doel is om je geest te helen, zodat jij op jouw beurt anderen kunt helen met jouw *~ing*-volle leven.

- Inmiddels weet je dat je bereidheid essentieel is om een leven te leiden waarin je op wonderen vertrouwt. De oefeningen op **dag zevenendertig** helpen je jezelf over te geven aan de stem van je innerlijke gids. Hoe meer je bereid bent, hoe gemakkelijker het is om ja te zeggen tegen je innerlijke roeping om te dienen.
- De oefeningen op **dag achtendertig** zorgen voor een verschuiving van ik- naar wij-denken. Dat begint meteen 's ochtends al. Door die beslissing van moment tot moment telkens opnieuw te nemen, breng je een subtiele verschuiving tot stand die een levenslange verandering veroorzaakt. Door je *~ing* steeds weer om hulp te vragen, word je herinnerd aan het wij-denken.
- De spirituele beoefening op **dag negenendertig** zorgt ervoor dat je je dankbaarheid met de wereld deelt. Je schrijft een brief van dankbaarheid aan een persoon of een organisatie die veel impact op je leven heeft gehad. Door je dankbaarheid met anderen te delen, inspireer je hen om door te gaan op hun heilige weg. Door licht te laten schijnen over wat anderen hebben bereikt, breng je meer licht in de wereld.
- De oefeningen van **dag veertig** zetten zich ervoor in om je van de ketenen van het ego te bevrijden. Gisteren heb je een brief van dankbaarheid geschreven en vandaag ga je een brief van vergeving schrijven. Je pen op papier zetten is een van de krachtigste manieren om je intenties te onderstrepen. Deze brieven zijn een soort spirituele contracten die je energetische verschuiving zullen ondersteunen. Vandaag word je geleid om een brief van vergeving te schrijven aan een persoon of een organisatie die je niet wilde loslaten. De brief drukt je bereidheid uit om de aanval van het ego los te laten en je bewust te worden van een nieuwe, heldere geest. Die heb je nodig om in continu contact te blijven met je *~ing* en om de wereld van dienst te zijn.

- De cursus leert dat wonderdoeners 'leerlingen van de liefde' zijn die hun positieve percepties graag met de wereld willen delen. Je eigen genezing accepteren is de eerste stap om een wonderdoener te worden. De volgende stap is die liefde te delen door je gedachten, energie en daden. De oefeningen op **dag eenenveertig** zullen je helpen de volgende fase in je spirituele ontwikkeling te accepteren en dat is: de boodschap van liefde overbrengen.
- De laatste dag van dit proces, **dag tweeënveertig**, leid ik je om na te denken over je werk en spirituele groei en die te respecteren. Je gaat een wonderfeestje geven en je nodigt een of meer vrienden uit om samen jou te vieren!

De *love parade* gaat beginnen en we zetten de volgende stap om een wonderdoener in de wereld te worden. Stel jezelf terwijl je je spirituele beoefening deze week verdiept de vraag: wat kies ik om de wereld te brengen? Veroordeel je verleden niet, maar respecteer de weg die je bent ingeslagen en accepteer dat het verleden het middel is geweest om te komen waar je nu bent. Weet vandaag dat je niet alleen bent en dat we terwijl we samen door dit leven gaan de keuze hebben om meer liefde in de wereld te brengen of die te vervuilen met meer angst. Vandaag kiezen we voor liefde.

Dag zesendertig

Getuige zijn van hoe je je in de wereld gedraagt

Al het werk dat je hebt verzet, heeft je erop voorbereid om te begrijpen hoe je ego functioneert. Inmiddels weet je wanneer je ego je in zijn greep heeft. En de oefeningen van vandaag zijn bedoeld om dat bewustzijn te vergroten en je te realiseren op wat voor manieren je ego je vermogen om anderen te dienen kan beïnvloeden. Elke keer dat je vandaag getuige bent van je angst, maak je je los uit de klauwen van je ego. Elke keer dat je afstand neemt van je ego word je geleid om je eraan te herinneren dat je doel is om je geest te genezen, zodat je anderen kunt helpen.

Een cursus in wonderen zegt: 'Wonderen genezen doordat ze een gemis aanvullen; ze worden door hen die tijdelijk meer hebben, verricht voor hen die tijdelijk minder hebben.' Deze tekst bevestigt de rol van de wonderdoener in de wereld. Als je je geest geneest en anderen helpt hun angsten in liefde te veranderen, verricht je een wonder. Met 'hen die tijdelijk meer hebben' bedoelt de cursus mensen die vanuit hun juiste denken liefde delen met mensen en hun onjuiste denken die 'tijdelijk minder hebben'. Wat we vandaag gaan doen is beginnen met getuige zijn als je tijdelijk meer hebt en hoe je kunt dienen om de op onjuist denken gebaseerde angst van anderen te helen. Als je je eigen geest geneest, is dat ook een uitnodiging voor de genezing van anderen. Daarom oefenen we vandaag in het getuige zijn van je angst. Voor jouzelf en om de wereld te dienen.

▪ Ochtendoverpeinzing **dag zesendertig**

De ochtendoverpeinzing van vandaag is een grote steun voor je liefdevolle percepties. Maak je meditatieplek klaar voor vijf minuten zelfreflectie. Als je lekker zit, lees dan de tekst hieronder voor vanochtend door en blijf vijf minuten in stilte zitten. Schrijf daarna in je dagboek alles op wat bij je opkomt. Laat je innerlijke gids tevoorschijn komen als je langzaam weer bijkomt uit je contemplatieve toestand.

Vandaag ben ik getuige van mijn ego in actie. Ik kijk geduldig, door een liefdevolle bril naar mijn onjuiste percepties. Ik geloof niet meer in deze angst. Ik zit er niet langer mee. Ook al lijkt die nu misschien echt, ik hoef er alleen maar zonder oordeel getuige van te zijn om eraan herinnerd te worden dat dat niet het geval is.

Affirmatie dag zesendertig

VOOR MIJN EIGEN VREDE EN DIE VAN DE WERELD KIES IK VOOR LIEFDE.

Het ego zal zich waarschijnlijk niet op zijn gemak voelen bij deze affirmatie omdat het erg in angst gelooft. Bij het bevestigen van dit soort uitspraken voel je misschien een inwendig conflict of verwarring. Dat is normaal. Laat je verwarring er dus gewoon zijn, vanuit de wetenschap dat die deel uitmaakt van het proces. Blijf toegewijd aan je ware doel om onjuiste percepties te helen, zodat je meer licht in de wereld kunt brengen. Zeg de affirmatie vandaag telkens weer bij jezelf op: ***voor mijn eigen vrede en die van de wereld kies ik voor liefde.***
Laat de woorden tot leven komen. Een groot deel van de oefening van een wonderdoener is je energie laten leiden door de energie achter de affirmaties zodat die kan veranderen. Heb er vertrouwen in dat je, simpelweg door deze positieve bevestiging de hele dag op te zeggen, je eigen energie reset en daardoor de energiepatronen van de wereld verandert.

- Avondoefening **dag zesendertig**

Voordat je vanavond gaat slapen zal ik je leiden in een meditatie van liefdevolle vriendelijkheid. Die bereidt je voor op de week die komen gaat en geeft je de energie om te dienen en je over te geven. Die energie heb je nodig om je beoefening te versterken en je over te geven aan je rol als wonderdoener in de wereld. Volg de meditatie hieronder of luister naar mijn geleide meditatie op www.gabbyb.tv/meditate.

Liefdevolle vriendelijkheidsmeditatie

- Maak het je gemakkelijk op je meditatieplek.
- Ga rechtop zitten.
- Adem diep in door je neus en uit door je mond.
- Blijf tijdens het mediteren zo ademen.
- Stel je een prachtige bal licht in je hart voor. Hou dat beeld voor ogen.
- Zie hoe dat licht zich van je hart uitbreidt naar elk hoekje en gaatje van je leven.
- Stel je voor dat het licht zich uitbreidt in je huis...
- ... de plek waar je werkt...
- ... de gemeenschap waar je deel van uitmaakt.
- Zie dat het licht zich op jouw in- en uitademing uitbreidt van je hart naar andere terreinen van de wereld.
- Adem liefde in.
- Adem vriendelijkheid uit naar de wereld.
- Met elke in- en uitademing breidt je licht, liefde en vriendelijkheid uit naar de wereld om je heen.
- Straks is alles wat je ziet licht.

Dag zevenendertig

Luister!

Nu je je *~ing* te hulp hebt geroepen is het tijd om volmondig JA te zeggen tegen je innerlijke oproep. De oefeningen van vandaag helpen je om de stem van de liefde te omhelzen. Hoe meer je ervoor openstaat om leiding te ontvangen, hoe gemakkelijker het is om ja te zeggen tegen je innerlijke oproep tot liefde en dienstbaarheid.

Ja zeggen is vaak cruciaal voor je spirituele beoefening. Het ego zal alles doen wat in zijn macht ligt om je ervan te weerhouden naar de stem van de liefde te luisteren. Als je beoefening zich verdiept kun je er donder op zeggen dat het ego er nog een schepje bovenop zal doen. Daarom is het noodzakelijk om de overtuiging van je ego te verzachten met de kracht van de liefde. Wees je opnieuw bewust van de sluwe trucs van je ego en geef je er van ganser harte aan over om ja te zeggen tegen je innerlijke stem van liefde.

- Ochtendoverpeinzing **dag zevenendertig**

Begin de dag met een gebed van overgave. Draag je plannen over aan de zorgen van je innerlijke gids en geef aan dat je bereid bent te luisteren. Maak het jezelf gemakkelijk op je meditatieplek en hou je handen met je handpalmen omhoog. Door die houding laat je de kosmos weten dat je bereid bent leiding te ontvangen. Adem diep in door je neus en uit door je mond. Als je klaar bent, lees dan de ochtendoverpeinzing en blijf daarna een minuut in stilte zitten.

Vandaag draag ik mijn plannen, mijn wil en mijn angsten over aan de zorgen van mijn innerlijke gids. Ik accepteer dat er een groter plan voor me is dan het plan dat mijn kleine geest voor mij in petto had. Vandaag verwelkom ik de stem van de liefde om me te leiden, te onderwijzen en me naar een gelukkiger gemoedstoestand te brengen, zodat ik meer licht in de wereld kan brengen.

Affirmatie dag zevenendertig

INNERLIJKE GIDS, IK NODIG JE UIT OM ME TE LATEN ZIEN WAAR IK NAARTOE MOET GAAN, WAT IK MOET DOEN EN WAT IK MOET ZEGGEN.

Zeg deze bevestiging de hele dag. Maak die tot je mantra (je gerichte gedachte) van vandaag. Bevestig opnieuw je verlangen om leiding te ontvangen en je zult versteld staan van de leiding die je ontvangt.

- Avondoefening **dag zevenendertig**

Vanavond is een oefening in ja zeggen tegen de oproep van je *~ing* tot liefde. Laat de bezieling van je innerlijke gids door je heen gaan.

Stel een lijstje op van alle dingen waar je mee zit, of het nu je angst is voor geldgebrek, om uit een bepaalde relatie te stappen of om niet te kunnen leven volgens de bedoeling van je leven. Probeer gewoon eerlijk te zijn over alle angsten die je nu voelt. De kans is groot dat die angsten je nu minder in hun greep hebben dan in de eerste week toen we hier net mee begonnen. Het is ook mogelijk dat er nieuwe, diepere emoties naar boven komen door je inzet om te groeien. Deze oefening helpt je je opnieuw over te geven aan je innerlijke gids en activeert een nog grotere verbinding met liefde.

Kijk goed naar de lijst en nodig je *~ing* uit om je te genezen. Lees wat je hebt opgeschreven en zeg daarna het volgende gebed hardop. Ga je lijst punt voor punt af en zeg dit gebed op voor elke angst op je lijst.

Innerlijke gids, ik draag mijn angsten aan jou over. Ik weet dat ik een groter doel heb dan in angst leven. Neem dit alsjeblieft van me weg.

Blijf vervolgens in stilte zitten en laat de inspiratie door je heen stromen. Vertrouw erop dat je *~ing* zonder moeite creatieve, liefdevolle gedachten kan oproepen die liefde tot in de donkerste hoeken van je innerlijk laten schijnen.

Deze oefening helpt je je angst recht in het gezicht te kijken en in plaats daarvan voor liefde te kiezen. Je bent daar nu klaar voor en het is een essentieel onderdeel van de oefening. Dit werk zuivert je energie zodat je kunt stralen in de wereld. Je spirituele verbondenheid omarmen is alsof je een opgeladen stopcontact krijgt waar je altijd je stekker in kunt steken. De wetenschap dat dat stopcontact altijd beschikbaar is, geeft je de kracht en het vertrouwen om te dienen en in liefde te leven. Neem dit serieus en je zult een enorm gevoel van opluchting ervaren. Ik hoop dat je de oefening om je angst op zijn plek te zetten door je verbinding met je *~ing* altijd zult blijven gebruiken.

Dag achtendertig

Verschuiving van ik naar wij

Vijf jaar geleden maakte ik een wonderbaarlijke verschuiving mee van ik- naar wij-denken. Op dat moment gaf ik lezingen door het hele land en kreeg ik veel mailtjes van vrouwen die me om hulp vroegen. Mijn ego kickte erop dat anderen me nodig hadden. Ik bleef de hele nacht op om die mailtjes te beantwoorden en was de volgende dag doodop. Mijn ego overtuigde me ervan dat ik door iedereen te helpen goed genoeg was. Tot op een gegeven moment tot me door begon te dringen dat dat afhankelijke gedrag van het iedereen telkens maar naar de zin maken, mij of de wereld niet verder hielp. Mijn behoefte om het gevoel te hebben dat anderen mij nodig hadden, was een op mijn ego gebaseerde benadering van liefde.

Dat gedrag beviel me niet. Diep vanbinnen wist ik dat er een betere manier was om die vrouwen van dienst te zijn. Ik ging mediteren en luisterde naar mijn innerlijke gids. Mijn intuïtie sprak helder en duidelijk en zei: 'Ga online en wees anderen via internet van dienst!' Mijn *~ing* leidde me om de hulpbronnen op internet te gebruiken en meer mensen met dezelfde intentie te dienen. Ik heb toen de sociale netwerksite HerFuture.com opgezet om vrouwen contact te laten leggen met elkaar, en hen te inspireren en kracht te geven. Mijn *~ing* leidde me om het te laten overnemen door het collectieve 'wij' en niet langer te denken dat ik de enige was die kon helpen. De site werd een plek waar allerlei fantastische vrouwen samen kunnen komen om elkaar van dienst te zijn. Door mijn focus te verschuiven van ik- naar wij-denken, kon ik een thuis creëren voor honderden vrouwen om dingen met elkaar te delen en elkaar bij te staan. Dat wij-denken was het grootste geschenk dat ik de wereld kon bieden.

De oefeningen van vandaag helpen je om te veranderen van ik- naar wij-denken. Elke oefening is bedoeld om je onbewuste wakker te maken zodat het zich opent voor nieuwe manieren om liefde te verspreiden. Het ego wil dat we geloven dat wij alleen de wereld kunnen redden. En ons individuele werk is wel belangrijk, maar voor een oprechte benadering van het dienen van anderen moeten we op het collectieve 'wij' vertrouwen.

Je ochtendoverpeinzing zal die verschuiving in gang zetten en door daar telkens opnieuw voor te kiezen stimuleer je die vandaag verder. Door steeds weer een beroep te doen op je *~ing* om ondersteuning word je herinnerd aan het wij-denken.

▪ Ochtendoverpeinzing **dag achtendertig**

We beginnen de verschuiving van vandaag met een krachtige ochtendoverpeinzing. Ga op je meditatieplek zitten en lees de tekst hieronder voor jezelf. Blijf daarna een minuut in stilte zitten en laat je *~ing* tevoorschijn komen en het proces van verandering sturen.

Vandaag stel ik me erop in om mijn focus te verschuiven van ik- naar wij-denken. Als ik anderen dien ga ik mezelf uit de weg en focus ik niet meer op mijn eigen innerlijke verwarring. Vandaag kies ik ervoor om mijn aandacht te verschuiven van mijn innerlijke dialoog door bewust aandacht te besteden aan anderen. Ik luister naar mensen die gehoord willen worden en ga mensen helpen die in nood zijn. Ik wijs mensen de weg die verdwaald zijn. Ik dien mensen die vragen om liefde.

Affirmatie dag achtendertig

IK LUISTER NAAR MENSEN DIE GEHOORD WILLEN WORDEN, HELP MENSEN IN NOOD, WIJS MENSEN DE WEG DIE VERDWAALD ZIJN EN DIEN MENSEN DIE VRAGEN OM LIEFDE.

Schrijf deze affirmatie op een blaadje en stop dat in je zak. Haal dat tevoorschijn als je merkt dat je ego tevoorschijn komt en zeg dan de positieve bevestiging voor jezelf op. Laat je daardoor leiden om je ik-gedachten ogenblikkelijk te veranderen in wij-gedachten. Focus je aandacht opnieuw, elke keer dat je steun zoekt bij je affirmatie.

▪ Avondoefening **dag achtendertig**

De oefening van vanavond is meer actiegericht dan normaal. Vanavond zet je een stapje buiten je comfortzone en doe je iets aardigs voor een ander. Dat bezorgt je ego een ongemakkelijk gevoel. Je ego heeft de sterke behoefte om eerst voor jezelf te zorgen, uit angst dat er niet voldoende liefde is. De cursus leert ons exact de tegenovergestelde denkwijze: dat we juist door een ander te dienen onszelf dienen. Vanavond ervaar je het wonder van wat echte onbaatzuchtigheid je kan opleveren.

Neem er even de tijd voor om aan iemand te denken die het moeilijk heeft. Dat kan iemand zijn die je kent, maar ook iemand die je helemaal niet kent.

Zeg daarna het Gebed van Franciscus op dat hier volgt. (Tijdens mijn hele spirituele reis heb ik vaak gebruikgemaakt van dat gebed om me eraan te herinneren weer over te schakelen op wij-denken.) Als je het gebed hebt voorgelezen blijf dan even in stilte zitten en laat je daarna leiden door de dienstbaarheidsmeditatie. Blijf na de meditatie opnieuw in stilte zitten om te luisteren naar je innerlijke gids en om liefdevolle actie te ondernemen om een ander van dienst te zijn.

Het Gebed van Franciscus is een van de mooiste boodschappen voor dienstbaarheid en onderlinge verbondenheid. Geniet ervan!

Gebed van Franciscus
Heer, maak mij een instrument van uw vrede.
Laat mij liefde brengen waar haat is.
Laat mij vergeving brengen waar schuld is.
Laat mij eenheid brengen waar tweedracht is.
Laat mij waarheid brengen waar dwaling is.
Laat mij geloof brengen waar twijfel is.
Laat mij hoop brengen waar wanhoop is.
Laat mij licht brengen waar duisternis is.
Laat mij vreugde brengen waar verdriet is.
Heer, maak dat ik er meer op uit ben te troosten dan getroost te worden,
te begrijpen dan begrepen te worden,
te beminnen dan bemind te worden.
Want door te geven ontvangen we,
door onszelf te vergeten vinden we,
door te vergeven wordt ons vergeven,
door te sterven verrijzen we tot het eeuwige leven.

Dienstbaarheidsmeditatie

- Ga in een prettige houding op je meditatieplek zitten.
- Adem diep in door je neus en uit door je mond.
- Blijf de hele meditatie zo ademhalen.
- Nodig je innerlijke gids uit om binnen te komen in je meditatie.
- Zeg in je hoofd: *innerlijke gids, help me mezelf niet in de weg te staan. Help me om iemand anders van dienst te zijn. Laat me alsjeblieft zien wie en hoe ik moet dienen. Welke wonderen wil je dat ik verricht?*
- Zit in stilte en luister naar je innerlijke leiding.

Blijf een paar minuten zo zitten en schrijf de aanwijzing op die je doorkreeg van je innerlijke gids. Als je niet meteen een duidelijke aanwijzing bespeurt, vertrouw er dan op dat die nog komt. Je wordt geleid om te weten hoe je moet dienen. Bespeur je die aanwijzing snel, onderneem dan meteen actie. Dat kan zoiets simpels zijn als iemand opbellen om te kijken of diegene hulp nodig heeft, de afwas van je huisgenoot doen of een nummer bellen om geld te doneren aan een liefdadigheidsorganisatie. Vertrouw op de stem van de liefde die je leidt en geef je volledig over om te dienen.

Het is belangrijk dat je meteen tot actie overgaat als je de aansporing voelt om van dienst te zijn. Als je daarmee wacht open je de deur voor je ego om je in de weg te zitten met excuses en persoonlijke afleiding. Doe je best om je innerlijke leiding te volgen om te dienen.

En ben je tot actie overgegaan, vertrouw er dan op dat je het juiste hebt gedaan. Je ego zal zich er altijd mee bemoeien om te proberen je ervan te overtuigen dat je te ver bent gegaan, te veel hebt uitgegeven of je tijd hebt verspild. Zwicht niet voor je ego, maar blijf in stilte zitten om te genieten van de prachtige voordelen van je dienen.

Dag negenendertig

De wereld dankbaar zijn

De oefeningen van vandaag leiden je om je dankbaarheid met de wereld te delen en helpen je de wereld geen verwijten te maken. Het is simpelweg zo dat je niet kunt verwachten dat de buitenwereld jou gelukkig zal maken. Geluk is een innerlijke toestand die geen invloed van buitenaf nodig heeft. Als je stopt met je pogingen om ervoor te zorgen dat de wereld jou dient, kun jij de wereld dienen.

Dankbaarheid stuurt dit proces. Je ondankbare ego is een muggenzifter en zal altijd op zoek gaan naar problemen. Maar vandaag train je je dankbaarheidsspieren en laat je de valse projecties van je ego los.

- Ochtendoverpeinzing **dag negenendertig**

Ga in een prettige houding op je meditatieplek zitten. Lees de overpeinzing langzaam door en laat elk woord tot je doordringen. Blijf daarna een minuut in stilte zitten terwijl je ~*ing* naar voren komt om de woorden op te zuigen en je de weg te wijzen.

Ik ben vandaag dankbaar voor de wereld om me heen. Ik ben dankbaar voor de lessen die ik heb geleerd en voor de groeimogelijkheden die er nog komen. Ik ben dankbaar voor mijn nieuwe liefdevolle percepties van de wereld.

Affirmatie dag negenendertig

IK BEN DANKBAAR VOOR MIJN NIEUWE PERCEPTIES VAN DE WERELD.

De affirmatie van vandaag brengt dankbaarheid naar de wereld die je hebt geprojecteerd. Die nieuwe kijk op de wereld erkennen is belangrijk voor je werk als wonderdoener. Zoals je inmiddels weet, zal je ego zich tot elke prijs tegen je liefdevolle percepties verzetten. Daarom is het belangrijk om je nieuwe perspectief te vieren door de positieve bevestiging van vandaag te oefenen. Onthoud dat de cursus leert dat projectie perceptie is. Wat je in jezelf projecteert neem je buiten jezelf waar. Door een innerlijke toestand van dankbaarheid te projecteren, breng je licht naar je uiterlijke waarnemingen. Elke keer dat je je liefdevolle perspectief op de wereld bevestigt, maak je je los van de angst en voel je je meteen beter. Je liefdevolle gevoelens worden gevoeld door iedereen om je heen terwijl ze vibreren in de atmosfeer. Gebruik deze affirmatie de hele dag om je innerlijke projecties en energie terug te leiden naar liefde.

▪ Avondoefening **dag negenendertig**

Vanavond bestaat je oefening uit het schrijven van een brief van dankbaarheid aan een persoon of een organisatie die veel in je leven heeft betekend. Deze oefening zal je gegarandeerd geluk brengen, en heeft ook effect op de andere mensen die erbij betrokken zijn. Door je dankbaarheid met anderen te delen, inspireer je hen om hun heilige weg voort te zetten. Licht laten schijnen op de dingen die anderen hebben bereikt, brengt meer licht in de wereld.

Er is geen goede of slechte manier om deze brief te schrijven. Schrijf die gewoon recht uit je hart. Deel alles waar je dankbaar voor bent, laat je waarheid naar buiten komen. Het doel is om de dankbaarheid door je heen te voelen stromen als je openlijk je waardering deelt. De energie van dankbaarheid die in jou wordt opgewekt, wordt door de hele ether gevoeld. Voel je je geroepen de brief te delen, verstuur die dan ook als e-mail aan iemand of stop hem in een envelop en doe hem op de post. Heb je die behoefte niet, vertrouw er dan op dat de energie wel wordt opgepikt, hoe ver de ander tot wie de brief is gericht ook bij je vandaan is. De energie van dankbaarheid is pure liefde en dringt door alle tijd en ruimte heen. Bied je liefde en licht aan aan de wereld met dit mooie geschenk van dankbaarheid.

Dag veertig

Een brief van vergeving

Vandaag zetten we een grote stap om je los te maken uit de greep van je ego. Elke oefening die we vandaag doen helpt je je aanvalsgedachten uit de weg te ruimen die je innerlijke kalmte belemmeren. Die heldere, serene geest heb je nodig om voortdurend in contact te blijven staan met je *~ing* en de wereld te dienen.

Vergeving is een van de grootste geschenken die je hebt om de wereld te geven. Je grote inzet om de onjuistheid van je ego te vergeven is de katalysator voor wonderen. Als je er klaar voor bent om een wonderdoener in de wereld te zijn, moet vergeving je mantra worden.

- Ochtendoverpeinzing **dag veertig**

Ga in een prettige houding zitten op je meditatieplek en bereid je voor op de ochtendoverpeinzing van vandaag. Vanochtend ga je een flinke stap zetten om de valse projecties van je ego te vergeven. Lees de tekst en blijf daarna een minuut in stilte zitten, laat de enorme omvang van je intentie tot je doordringen.

Ik vergeef de onjuiste beelden die ik op de wereld heb geprojecteerd. Ik vergeef mezelf dat ik voor die aanvalsgedachten heb gekozen en ik vergeef iedereen die betrokken is bij de angst die ik heb gecreëerd. Door vergeving bevrijd ik me van de angstige wereld die ik heb geprojecteerd.

Affirmatie dag veertig

IK VERGEEF DE ONJUISTE BEELDEN DIE IK OP DE WERELD HEB GEPROJECTEERD.

In les 75 van het werkboek van de cursus staat: 'Vandaag vieren wij de blijde uitkomst van jouw lange droom van rampspoed. Er zijn nu geen donkere dromen. Het licht is gekomen. Ik heb de wereld vergeven.' Door vergeving kun je een eind maken aan je illusie van angst. De bevestiging van vandaag verandert je gedachten over je angst voor de wereld. Elke keer dat je je angst vergeeft, erken je dat die onjuist is. Als je in angst gelooft is de wereld die je ziet angstig. Door de onjuiste beelden te vergeven die je op de wereld hebt geprojecteerd, kun je je losmaken van de verhalen, beelden en aanval van je ego. Je kunt bevrijd worden van de angst van de wereld en ervoor kiezen om in plaats daarvan liefde te zien.

Als je vandaag een angstig beeld opvalt dat je op je ervaringen met de wereld hebt geprojecteerd, zeg dan gewoon tegen jezelf: ***ik vergeef de onjuiste beelden die ik op de wereld heb geprojecteerd.*** Zelfs de simpelste dingen als ongeduldig worden tegen een bankmedewerker of iets negatiefs denken over een vreemde, kunnen een aanval op de wereld zijn. Misschien lijken dat onbeduidende momenten, maar ik wil je toch stimuleren om dan je affirmatie op te zeggen. Elke gedachte die je hebt, ondersteunt of vervuilt je positieve energie. Let dus op je gedachten.

▪ Avondoefening **dag veertig**

Vanavond gaan we weer stevig aan de gang met vergeving. Jouw oefening is om een brief van vergeving te sturen aan een persoon of een organisatie aan wie of waaraan je een hekel hebt. Ik ga er niet van uit dat je die brief echt zult versturen (maar de keuze is aan jou natuurlijk). Gebruik dit als een kans om een grote schoonmaak te houden. De brief is een uiting van je bereidheid om de aanval van je ego uit te bannen en je bewust te worden van een nieuwe, heldere geest.

Haal je een persoon of organisatie voor de geest aan wie of waaraan je enorm de pest hebt. Misschien koester je rancune tegenover een vroegere werkgever. Of ben je verontwaardigd over de opinies van een bepaalde politieke partij. Die wrok koesteren helpt jou of de wereld niet. Wees eerlijk tegenover jezelf over de manieren waarop je rancune je van je werkelijke dienen heeft afgehouden. Hoe heeft je ego je belemmerd om te vergeven? Op welke manieren heeft die wrok een negatieve invloed op je leven gehad? Hoe heeft die je ervan weerhouden om in je kracht te leven en je licht met de wereld te delen? Laat het besef van de negatieve impact van je ego een stimulans voor je worden om door te gaan en je eraan over te geven om de brief te schrijven. Er is geen 'goede' of 'slechte' manier om dat te doen. Het enige wat ertoe doet is dat je intentie zuiver is. Als je helder voor ogen hebt wat je doel is, laat dan je wrok maar komen, zet die op papier en hul die in liefde en vergeving.

Wanneer je klaar bent met het schrijven van de brief, neem die dan mee naar je meditatieplek voor een ritueel. Lees hem voor jezelf voor en vraag je innerlijke gids om je te laten zien hoe je moet vergeven. Zeg het volgende gebed op uit *Een cursus in wonderen*:

Iedereen bied ik kalmte aan.
Iedereen bied ik gemoedsrust aan.
Iedereen bied ik vriendelijkheid aan.

Dag eenenveertig

Jij bent een wonderdoener

Onthoud vandaag dat jouw impact op het collectieve bewustzijn direct verbonden is met de keuze die jij op dit moment maakt. Neem je keuze voor liefde heel serieus. Door vandaag voor liefde te kiezen breng je meer liefde in de wereld. De cursus leert dat wonderen gewoonten zijn die automatisch zouden moeten zijn. Als je steeds meer op wonderen vertrouwt, wordt je keuze voor de liefde een natuurlijke keuze. Dan gaan er elke keer wonderen van je uit als je er vanuit het juiste denken voor kiest om je angst over te dragen. Door de oefening van vandaag stel je je ervoor open om te accepteren dat je een wonderdoener bent, die haar best doet om in alle donkere situaties voor liefde te kiezen. Elke keuze voor liefde vervangt tekort door licht en schenkt de wereld een zegening.

- Ochtendoverpeinzing **dag eenenveertig**

Laten we je ochtendoverpeinzing beginnen met het ontsteken van wonderen door een krachtig gebed uit *Een cursus in wonderen.*

Gebed uit *Een cursus in wonderen* (je kunt 'hem' en 'hij' vervangen door 'mijn innerlijke gids')
Ik ben hier alleen om werkelijk behulpzaam te zijn.
Ik ben hier om Hem te vertegenwoordigen die mij gezonden heeft.
Ik hoef me geen zorgen te maken over wat ik zal zeggen

of wat ik moet doen, want Hij die mij gezonden heeft zal mij leiden.
Ik zal genezen zijn, wanneer ik me door Hem laat leren hoe ik anderen genees.

Laat dit gebed een directe communicatielijn tot stand brengen tussen je *~ing* en je juiste denken. Vertrouw erop dat dit gebed je dag de juiste kant op stuurt. Nu is het jouw taak om je over te geven en te luisteren naar de leiding.

Affirmatie dag eenenveertig

IK BEN HIER OM WERKELIJK BEHULPZAAM TE ZIJN.

Een heerlijke mantra! Als toegewijde wonderdoener neem ik mijn toevlucht tot dit zinnetje uit ***Een cursus in wonderen*** als ik merk dat mijn ego weer binnensluipt. (Je kunt je vast voorstellen dat ik die affirmatie dus veel gebruik!) Hoe ver we ook komen op onze wonderweg, het ego zal altijd manieren vinden om de love parade in het honderd te schoppen.
Met deze affirmatie in je achterzak heb je een brandblusser voor je ego. Ik raad je aan om deze positieve bevestiging vanaf nu op te nemen in je dagelijkse beoefening. Zodra je merkt dat je ego zich roert, blus je de vlammen door te bevestigen: ***ik ben hier om werkelijk behulpzaam te zijn.***
Elke keer dat je je verlangen om van dienst te zijn herhaalt, ga je jezelf uit de weg en weet je weer wat je ware doel is.

- Avondoefening **dag eenenveertig**

De oefening van vanavond gaat over... meer plezier hebben! Op oudejaarsavond 2011 kondigde ik mijn goede voornemen voor het nieuwe jaar aan: ik wil mijn succes gaan afmeten aan het plezier dat ik heb. Dat voornemen heeft niet alleen een positieve invloed op mijn eigen leven maar ook een grote impact op de wereld gehad. Toen ik plezier tot mijn belangrijkste doel maakte, begon er liefdesenergie te stromen door alles wat ik deed. De liefde uitte zich in elke maaltijd die ik klaarmaakte, elke tweet die ik twitterde en elk praatje dat ik hield. Ik straalde liefde uit als een geschenk aan de wereld.

Door plezier tot je primaire doel te maken zul je veel wonderen ervaren en heel dienstbaar zijn aan de wereld. De oefening van vanavond is dus om je bewust te worden van alle manieren waarop je meer plezier kunt ontketenen.

We gaan weer terug naar de terreinen van je leven die we in deze cursus hebben aangepakt. Loop ze af en stel vast waar je het leuker zou kunnen maken. Beantwoord in je dagboek de volgende vragen:

- **Houden van mezelf:** op wat voor manieren heb ik meer plezier in mijn leven (van alledag)?
- **Het wonder van het lichaam:** hoe geniet ik van lichaamsbeweging? Welke nieuwe en uitdagende trainingen zou ik kunnen proberen? Hoe kan ik genieten van gezond eten?
- **Heilige relaties:** hoe breng ik meer plezier in mijn relaties? Welke gedachten, gesprekken, handelingen en activiteiten kan ik in al mijn relaties integreren?
- **Het wonder van de overvloed:** hoe breng ik meer plezier in mijn carrière of werkomgeving? Hoe heb ik plezier terwijl ik overvloed creëer?
- **De wonderdoener van de wereld:** hoe breng ik meer plezier in de wereld?

Het volgende deel van deze oefening geeft je leiding om ook na dit programma van zes weken nog heel lang door te gaan als wonderdoener. Ik moedig je aan om de volgende week te oefenen in plezier hebben op minstens een van de terreinen van je leven.

Geef een feestje voor jezelf om je noeste arbeid te vieren. Maak een heerlijk gerecht klaar en geniet er samen met anderen van. Test eens een leuk, spannend soort training (en raadpleeg daarvoor de vele tips in mijn eerste boek *Eindeloos geluk*). Ga op avontuur met iemand anders. Doe iets buiten je werk samen met je collega's en verdiep het contact. Glimlach meer als je door je leven reist.

Het belangrijkste van deze oefening is het verhogen van je algehele liefdesenergie. Want daardoor breng je meer liefde in de wereld. Liefde is het grootste geschenk dat je te bieden hebt, omdat liefde meer liefde creëert.

Dit zijn maar een paar eenvoudige voorbeelden om meer liefde in je wereld te brengen. Onthoud wat Wayne Dyer zegt: 'Je intenties creëren je realiteit.' Als het je doel is om meer plezier te hebben, dan heb je een plezierig leven. Zo simpel is het.

Dag tweeënveertig

Reflecteer en vier

Dit is de laatste dag van je reis als wonderdoener... dus we gaan er nog een keer flink tegenaan! Je begint deze dag met een krachtig ochtendgebed uit *Een cursus in wonderen.*

- Ochtendoverpeinzing **dag tweeënveertig**

Ga zoals altijd in een prettige houding op je meditatieplek zitten en adem een paar keer diep in door je neus en uit door je mond. Als je er klaar voor bent, lees dan het ochtendgebed hardop voor.

> **Ochtendgebed uit *Een cursus in wonderen***
> *Wat een prachtige ochtend! Alles op aarde*
> *is weer fris en herboren.*
> *De vernietiging die aan de nieuwigheid*
> *van gisteren begon te knagen*
> *is afgeweerd. Het herstel van de wereld*
> *straalt af van elk grassprietje en elk blaadje*
> *dat zingt van een nieuwe morgen. En de stem van God*
> *roept Zijn zoon op een andere keuze te maken.*

Dit is een dag van vieren, een tijd om na te denken over al het werk dat je hebt verzet. Volg de geleide meditatie hier of luister naar mijn geleide meditatie op www.gabbyb.tv/meditate.

Ga na de meditatie *~ing*-schrijven over hoe het is om wonderdoener te zijn. Laat het er allemaal uit komen. Zet je enthousiasme voor het krachtige werk dat je hebt gedaan op papier. Respecteer jezelf door middel van elk woord.

Meditatie om het te vieren

- Ga in een prettige houding zitten op je meditatieplek.
- Zit rechtop met je handpalmen omhoog.
- Adem diep in door je neus en uit door je mond.
- Blijf tijdens de hele meditatie zo ademen.
- Adem in: *vandaag vier ik mezelf!*
- Adem uit: *vandaag ben ik trots op de stappen die ik heb gezet.*
- Adem in: *vandaag accepteer ik mijn rol als wonderdoener in de wereld.*
- Adem uit: *vandaag geef ik me over aan mijn ware doel.*
- Adem in: *ik ben liefde.*
- Adem uit: *ik deel liefde.*
- Adem in: *ik ben liefde.*
- Adem uit: *ik deel liefde.*
- Adem in: *ik ben liefde.*
- Adem uit: *ik deel liefde.*
- Sluit je meditatie af door met een diepe zucht van verlichting uit te ademen in de wetenschap dat je bent begonnen aan een reis die je zal veranderen en die je nieuwe percepties zal opleveren. Jij bent een wonderdoener in de wereld!

Neem na deze meditatie even de tijd om in stilte te blijven zitten. Geef je over aan de liefdevolle energie die je omringt. Zuig die op en geniet van de liefde. Geniet van deze mooie dag. Wees er trots op dat je zo ver bent gekomen. Weet dat alles mogelijk is door op deze manier te oefenen.

Weet dat je liefde bent.

We zijn klaar met ons plan van tweeënveertig dagen, maar het echte werk is nog maar net begonnen. Als je wilt leven als een wonderdoener is het belangrijk dat je er helemaal voor gaat. In het laatste hoofdstuk geef ik je heldere richtlijnen om je verbinding met je *~ing* te versterken en op koers te blijven als wonderdoener.

Liefde kan niet bestaan als monoloog; het is een dialoog, een uiterst harmonieuze dialoog.
– Osho

Besluit

Een leven vol wonderen leiden

Zonder jouw glimlach kan de wereld niet gered worden.
– Een cursus in wonderen

In 1957 kreeg een groep Tibetaanse monniken te horen dat ze hun heiligdom moesten verplaatsen omdat er precies over die plek een snelweg zou worden aangelegd. Centraal in hun klooster stond een enorme boeddha van leem die ook moest worden verplaatst. Dat was geen kattenpis. De monniken regelden een kraan die het beeld naar hun nieuwe locatie zou transporteren. Toen de boeddha op de kraan werd getild begon de leem te scheuren. Tot overmaat van ramp regende het pijpenstelen, waardoor de scheuren dieper en breder werden. Om het beeld na de verhuizing tegen verdere schade te beschermen bedekten de monniken het meteen met zeil. 's Avonds scheen de hoofdmonnik met een zaklamp onder het dekzeil om te kijken hoe de lemen boeddha erbij stond. In het schijnsel van zijn zaklamp vielen hem gouden glinsteringen op die door de scheuren heen kwamen. De hoofdmonnik haalde zijn beitel en hamer en bikte de leem weg om te zien wat dat voor glinsteringen waren. Tijdens het beitelen begon tot hem door te dringen dat de boeddha niet van leem maar van goud was gemaakt.

Verrast door die ontdekking gingen de monniken op onderzoek uit naar de herkomst van de boeddha. Ze kwamen erachter dat hun voorgangers eeuwen geleden de boeddha in zijn gouden gedaante hadden vereerd. En toen zij hadden gehoord dat het Birmese leger hun gemeenschap wilde aanvallen en verwoesten, hadden zij hun boeddha ter bescherming met leem bedekt. De monniken werden tijdens die aanval gedood, maar omdat het leger geen waarde hechtte aan de lemen boeddha werd die ongemoeid gelaten.

Ik heb besloten dit boek af te sluiten met het verhaal van de gouden boeddha omdat het ons een prachtige metafoor biedt voor ons eigen leven. Vanbinnen zijn we allemaal gouden boeddha's. Maar we zijn gaan denken dat we van leem zijn. De onjuiste percepties van ons ego hebben ervoor gezorgd dat we een systeem van overtuigingen hebben ontwikkeld dat ons innerlijke licht verbergt. We hebben onze waarheid jarenlang, misschien zelfs wel tientallen jaren, verborgen. En nu is het moment aangebroken om ons licht te omhelzen en ons weer te verbinden met de gouden boeddha die we vanbinnen zijn.

Wat je de afgelopen zes weken met jezelf hebt gedaan kun je symbolisch zien als werk met de zaklamp, de beitel en de hamer. Elke week heb je met je zaklamp over de duisternis in je geest geschenen, bereid om naar de illusies van je ego te kijken. Daarna ben je begonnen met je beitel je buitenlaag van leem weg te bikken door je perspectief te verschuiven, door dankbaarheid te beoefenen en door aan vergeving te doen. Ten slotte ben je met je hamer door lagen van duisternis heen gebroken om je gouden innerlijke licht te laten stralen en je hebt, terwijl je daarmee bezig was, heel wat wonderen blootgelegd.

Dag tweeënveertig is afgerond, maar je reis is nog maar net begonnen. De weg die we samen hebben afgelegd heeft nog maar kleine stukjes afgebikt van de leem die jouw goud bedekt. Jouw taak is nu om te blijven beitelen, zodat je elke dag meer liefde blootlegt.

Wees erop bedacht dat het ego alles zal doen wat in zijn macht ligt om je spirituele beoefening te belemmeren. Als je op dit punt van het proces bent aangekomen gebeurt waarschijnlijk een van deze twee dingen:

1 Je bent zo geïnspireerd geraakt door het werk dat je jezelf bij alles waarmee je te maken krijgt overgeeft aan deze grondbeginselen en je spirituele beoefening elke dag meer verdiept.
2 Je voelt je geweldig en daarom concludeer je dat het werk af is. Binnen een paar weken (of misschien zelfs dagen) overtuigt je ego je ervan dat je genezen bent en niet meer elke dag hoeft te oefenen. Je vertrouwen in wonderen raakt op de achtergrond.

Ik schets deze potentiële scenario's om je er bewuster van te maken wat er gebeurt als je ego je toewijding belemmert. Onthoud dat je ego je hele leven al bij je is, terwijl je pas zes weken geleden bent begonnen met oefenen. Daarom is het je taak om voor je *~ing* te blijven kiezen in plaats van voor je ego en de gouden boeddha die je vanbinnen bent te omhelzen.

Een cursus in wonderen vraagt ons of we liever gijzelaar van het ego of gastheer voor de liefde zijn. Elke dag biedt je een nieuwe kans om te kiezen voor liefde en je *~ing* uit te nodigen als je leraar, of te bezwijken voor de onjuiste leiding van je ego. Je geluk wordt bepaald door telkens weer te kiezen voor liefde in plaats van voor angst.

Als je voor de liefde kiest en toegewijd blijft aan je vertrouwen in wonderen zul je een nieuwe rust en een nieuw geluk kennen. Dan ga je obstakels juist zien als kansen en weet je intuïtief hoe je door alles wat het leven brengt heen moet laveren. Als je leeft vanuit vertrouwen in wonderen word je elke dag wakker in de wetenschap dat de wereld je klaslokaal is en dat mensen je huiswerkopdrachten zijn. Als je de grondbeginselen die je in dit boek hebt geleerd blijft toepassen, draag je die opdrachten over aan de zorgen van je innerlijke gids en blijf je geduldig wachten op de wonderen.

Het doel van dit afsluitende hoofdstuk is om je te inspireren om je toewijding aan wonderen te verdiepen, zodat je ego je geluk niet in de weg kan zitten. Het enige wat ik voor je hoop is dat je je best zult doen om zo vaak mogelijk voor je vertrouwen in wonderen te kiezen. Als het ego binnensluipt (en dat zal het blijven doen) is het jouw taak om bewust terug te keren naar de liefde.

Hieronder staan de zeven dagelijkse grondbeginselen van deze beoefening samengevat. Maak ze tot een geheiligd onderdeel van je dagelijkse juiste handelen; dan ben je verbonden met de liefde en ben je je beter bewust van je ego. Bedenk dat ons doel niet is om het ego te doden. Ons doel is ons zo bewust te worden van ons ego dat we het niet langer macht geven.

De grondbeginselen

Je bent inmiddels vertrouwd met de zeven grondbeginselen die je dichter bij de liefde brengen. Beoefen ze elke dag:

- Wees vriendelijk getuige.
- Wees bereid voor de liefde te kiezen.
- Verschuif je perspectief.
- Neem een dankbare levenshouding aan.
- Vergeef.
- Verwacht wonderen.
- Reflecteer en resumeer.

Die grondbeginselen zullen je elke week blijven leiden in je beoefening. Ik heb die in drieën verdeeld: de **zaklamp**, de **beitel** en de **hamer**. Net als in het verhaal over de gouden boeddha heb je dat gereedschap nodig om je licht bloot te leggen. Met je zaklamp schijn je licht over het duister van je ego. Met je beitel effen je de weg naar wonderen. En met je hamer breek je jezelf open om je bewust te worden van je spirituele verbondenheid. Jouw taak is niet om alles uit te vogelen, maar om je innerlijke gids uit te nodigen je leraar te zijn. Na verloop van tijd worden de principes een tweede natuur en gebruik je ze afwisselend. Dan kun je op elk willekeurig moment een greep in je spirituele gereedschapskist doen en de akelige trucs van je ego opruimen. Ik geef je hier nog een korte uiteenzetting over hoe dat in zijn werk gaat.

De zaklamp
Je oefening in getuige zijn, je bereidheid te veranderen en je wonderbaarlijke verschuiving van perceptie zijn de zaklamp die je helpt ontwaken uit de duisternis van het ego. Gebruik deze drie stappen elke dag opnieuw om je bij te lichten op je pad.

De cursus stelt: 'Maak je er geen zorgen over hoe je een les kunt leren die zo volkomen verschilt van alles wat jij jezelf hebt geleerd. Want hoe zou je dat moeten weten? Jouw rol is heel eenvoudig. Je hoeft alleen te begrijpen dat je alles wat je geleerd hebt niet wilt. Vraag om onderwezen te worden, en gebruik je ervaringen niet ter bevestiging van wat je hebt geleerd.' Deze boodschap is essentieel om je zaklampprincipes op de juiste manier te kunnen gebruiken. Accepteer dat het niet jouw taak is om de dingen weer in orde te brengen, maar om onverschrokken licht te laten schijnen over wat verkeerd is en je door je innerlijke gids te laten leiden om te leren en te groeien.

Wees vriendelijk getuige
Onthoud: het sleutelprincipe van het getuige zijn is dat je niet (ver)oordeelt. De cursus leert je ego niet met je ego te (ver)oordelen. Er is geen goede of slechte manier om dit te doen. Je enige taak is om getuige te zijn van je ego in actie en jezelf bewust te herinneren aan de onjuiste percepties waarvoor je hebt gekozen. Tijdens het getuige zijn helpt het heel erg om gebruik te maken van de volgende affirmatie uit de cursus: 'Ik ben niet het slachtoffer van de wereld die ik zie.' Doe elke keer dat je getuige bent van de duistere illusies van je ego een beroep op die affirmatie om helderheid en rust te krijgen.

Als je je beoefening van getuige zijn verdiept, zul je de boodschap van de cursus gaan accepteren dat er geen loze gedachten zijn. Dan ga je steeds gemakkelijker zien dat je angstige gedachten je afsluiten voor je waarheid. En uiteindelijk zul je deze constatering uit de cursus gaan onderschrijven: 'Een vredige geest is onmiskenbaar een innerlijke zaak. Het moet met jouw eigen gedachten beginnen en van daaruit naar buiten gaan.' Als je getuige bent van je eigen gedachten, ga je de bereidheid voelen die te veranderen.

Wees bereid voor de liefde te kiezen

Elk moment opnieuw kunnen we gastheer voor de liefde of gijzelaar van het ego zijn. Wees bereid gisteren los te laten en vandaag als een nieuwe dag te zien. Je *~ing* als je gids kiezen is een beslissing die je telkens weer neemt, en daar is niet meer voor nodig dan je bereidheid om voor de liefde te kiezen. Versterk die bereidheid door in verbinding te blijven met deze affirmatie uit de cursus: 'Ik kies ervoor om in plaats hiervan liefde te zien.'

Gebruik elke keer dat je je bewust wordt van je pijn simpelweg dit geheugensteuntje uit de cursus: 'Er is een andere manier om naar de wereld te kijken.' Onthoud dat je ego alle zeilen bij zal zetten om je ervan te weerhouden bereid te worden voor je *~ing* te kiezen. Blijf dus alert op de trucs van het ego en onthoud wat de cursus leert: 'Het ego analyseert, de Heilige Geest accepteert.' Elke keer dat je bereid bent voor je *~ing* in plaats van je ego te kiezen laat je je eigen leraar tevoorschijn komen en geef je je over aan je innerlijke gids.

Verschuif je perspectief

Het laatste grondbeginsel van de zaklamp is je wonderbaarlijke verschuivingen van perceptie. De cursus leert: 'De waarheid is dat je verantwoordelijk bent voor wat je denkt, omdat je alleen op dat niveau keuzes kunt maken.' Elke gedachte die je hebt vormt een deel van de wereld die je ziet. Daarom moet je werken aan je gedachten als je wilt dat je perceptie van de wereld verandert. Door getuige te zijn van je angst en bereid te zijn liefde te zien, maak je je op voor de verschuiving. Als je je perspectief verschuift gebeurt er een wonder. Elke situatie, op de juiste manier gezien, wordt een kans om te helen.

De beitel

Plaats je een beitel om iets open te breken, dan ben je veel van plan. Je zaklamp heeft je bereidheid om te veranderen gewekt en met je beitel begint het proces. Hoe bewuster je je wordt, hoe duidelijker je focus op dankbaarheid en vergeving, de eigenschappen van de wonderdoener die de beitel vertegenwoordigt.

Neem een dankbare levenshouding aan

Neem je elke dag opnieuw voor om dankbaar te zijn. Het simpele verlangen naar dankbaarheid opent je hart om de geschenken van liefde om je heen te ontvangen. Ook al geef je maar een moment lang de voorkeur aan dankbaarheid boven de angst van je ego, dan creëer je al een heilig ogenblik. Laat je door dankbaarheid leiden naar nieuwe percepties en versterk je bereidheid om te vergeven.

Vergeef

De cursus leert: 'Het licht van de wereld brengt vrede naar iedere geest door mijn vergeving.' Besteed hier veel aandacht aan en richt je focus erop. Want je kwantumverschuivingen komen tot stand door vergeving. De cursus doet ons inzien dat 'vergeving kwijtschelden is. Alles kwijtschelden. Je nergens aan vastklampen. Angst, schuld en pijn loslaten'. Zet je er elke dag opnieuw voor in om voor geluk te kiezen in plaats van voor de behoefte van je ego om gelijk te hebben. Vergeving is de sleutel tot verlichting en geluk.

Vergeving is iets wat je toelaat. Blijf bereid te vergeven en laat je door je innerlijke gids de weg wijzen. Het enige wat ervoor nodig is is je bereidheid. Geniet van de geschenken die vergeving je biedt. *Een cursus in wonderen* stelt: 'In zachtmoedige vergeving zal de wereld sprankelen en stralen, en alles wat jij ooit zondig achtte, krijgt nu een nieuwe interpretatie als deel van de Hemel. Is het niet prachtig om zuiver, verlost en gelukkig door een wereld te gaan die de verlossing zo hard nodig heeft die jouw onschuld hem verleent? Wat kun je waardevoller achten? Want hier ligt je verlossing en je vrijheid. En die is compleet, anders zou je die niet kunnen herkennen.'

De hamer

De laatste twee grondbeginselen worden vertegenwoordigd door de hamer die jou openbreekt voor je eigen innerlijke licht. Een leven vol wonderen leiden vraagt om vertrouwen en toewijding aan wonderen. Wonderen verwachten is het deel van het proces dat helpt, zodat alle andere grondbeginselen bezinken. Zonder vertrouwen in wonderen beklijft je werk niet. Als je er klaar voor bent om een leven te leiden dat gewijd is aan de liefde, dan verwacht je wonderen, en zijn wonderen niet iets wat ver op de achtergrond speelt.

Verwacht wonderen

Er worden geen zware inspanningen van je verwacht, vooral niet als het om de laatste grondbeginselen gaat. *Een cursus in wonderen* zegt: 'Het wonder komt zachtjes in de geest die even stopt en stil is.' Voor een echte verandering is het nodig dat je stil bent. Ik merk zelf dat ook al doe ik alles – getuige zijn, bereid zijn, dankbaar zijn en vergeven –, als ik niet ten diepste stil ben, kan het wonder zich niet voltrekken.

Mijn boodschap voor jou is om gas terug te nemen zodat je het wonder kunt ervaren. Door te mediteren en bewust de beslissing te nemen om de computer of de telefoon uit te zetten, kun je momenten van stilte vinden die je de wonderbaarlijkste leiding kunnen geven. Een moment, meer heb je niet nodig.

Wonderen gaan veel verder dan jouw persoonlijke ervaring. De cursus leert: 'Een wonder is een dienst. Het is de maximale dienst die jij een ander kunt bewijzen. Het is een manier om je naaste lief te hebben als jezelf. Op hetzelfde moment dat je je eigen waarde herkent, herken je die van je naaste.' Als je een wonderdoener in de wereld wordt, realiseer je je dat je eigen heling direct verbonden is met de heling van de mensen om je heen. Onthoud de wereld dit geschenk niet. Blijf wachten op het wonder.

Reflecteer en resumeer

Elke dag biedt je de kans om je ego onder de loep te nemen. In de cursus staat een prachtige affirmatie die me inspireert om elke dag zonder angst naar mijn ego te kijken: 'Ik wil niets liever dan zien.' Mijn advies aan jou is om elke avond de tijd te nemen om te kijken hoe je ego zich die dag heeft gedragen. Zelf doe ik dat op de volgende manier. Ik schrijf boven aan de pagina van mijn dagboek: 'Ik wil niets liever dan zien.' Daarna stel ik een lijstje op van de onjuiste percepties van mijn ego de afgelopen dag. Met liefdevolle ogen vergeef ik mezelf mijn op het onjuiste denken gebaseerde gedachten en daden, en ik bid erom dat ik ze loslaat. Door dat dagelijks te oefenen blijf ik me bewust van de denkpatronen van mijn ego en blijf ik er een gewoonte van maken om mijn *~ing* uit te nodigen voor heling. In een mum van tijd laat ik zo de angsten van de dag los en maak ik mijn geest vrij voor gelukkige dromen.

Met je zaklamp, beitel en hamer ben je altijd gewapend met het liefdevolle verlangen om uit te groeien boven de illusies van je ego. Gebruik die instrumenten telkens weer en breng subtiele verschuivingen teweeg voor verbazingwekkende verandering.

Gereedschapskist voor wonderonderhoud
Jezelf openbreken voor je eigen gouden licht is één, maar het is nog iets heel anders om je eigen vuur te voeden. Om je innerlijke licht helder te laten blijven schijnen moet je letten op een paar dingen. Hieronder heb ik de tactieken opgesomd die voor mij het beste werken.

Bemoei je alleen met je eigen beoefening
Als wonderdoener in de wereld moet je accepteren dat jij niet de enige bent op deze reis naar nieuwe percepties. Je buren, vriendje, collega's, vrienden en vijanden bevinden zich allemaal op diezelfde radicale weg, samen met jou. Voor wonderen in je leven is het nodig dat je trouw oefent om jezelf en de wereld te dienen. Let op de volgende richtlijnen als je de boodschap van de liefde verwezenlijkt in je leven. Doe je best om het zelf zo goed mogelijk te doen en bemoei je alleen met je eigen beoefening.

Wees geduldig
De cursus herinnert ons eraan: 'Eindeloos geduld levert meteen resultaten op.' Probeer er niet mee te zitten hoe en wanneer wonderen gebeuren. Vertrouw erop dat elke simpele verschuiving richting liefde al een wonder is. In elk moment van stilte vindt een nieuw ontwaken plaats. Mijn favoriete boodschap uit de cursus luidt: 'Wie zeker is van het resultaat kan het zich veroorloven om te wachten en te wachten zonder ongerust te zijn.' Laat je leven door die woorden verrijken met rust en geduld. Heb vertrouwen en weet dat alles mogelijk is als er liefde is. Wees geduldig en verwacht wonderen.

Probeer vreugde te vinden op een vreugdeloze plek
Het is gemakkelijk om toegewijd te zijn aan de liefde als alles in je leven op rolletjes loopt of als je de problemen van de

wereld negeert. Het is heel wat anders om toegewijd te blijven aan de liefde in donkere periodes of situaties. Een effectieve manier om door die donkere periodes heen te komen is dat je je blijft inzetten voor de cursusoefening om vreugde te vinden op een vreugdeloze plek. Het is op elk moment mogelijk om je de liefde weer te herinneren. Jij hebt de kracht om 'een oude haat in heilige liefde te veranderen'. Gebruik je hele leven de affirmatie: 'Ik probeer vreugde te vinden op een vreugdeloze plek.' Ik wil je stimuleren om er dagelijks mee te oefenen; dan voel je je meer op je gemak bij het zoeken naar liefde dan bij het genoegen nemen met angst.

Kijk naar het probleem zodat het kan worden opgelost

Ik zie om me heen dat veel mensen hun beoefening gebruiken om op een spirituele manier de problemen van de wereld links te laten liggen. Een beetje met affirmaties smijten en met gebedsvlaggen zwaaien is geen kunst; het is veel lastiger om je ongemak als spirituele opdracht te accepteren. De cursus zegt: 'Laat me zien wat het probleem is zodat het kan worden opgelost.' Door elk probleem te beschouwen als een opdracht om te groeien, kun je geleid worden om er anders tegenaan te kijken. Als 'alleen liefde bestaat werkelijk' je mantra is, wordt er van je verwacht dat je de angst van de wereld niet veronachtzaamt. Je moet die juist gebruiken om van te leren. Onthoud dat 'niemand toevallig naar iemand toe wordt gestuurd' en dat elke ervaring, als je die overdraagt aan je *~ing*, een geweldige opdracht is voor spirituele groei. Het accepteren van die waarheid zal je helpen alle ervaringen in je leven te accepteren, de goede en de slechte.

Laat je niet leiden door de manier waarop je ego angst interpreteert

De cursus zegt dat je je angst niet moet ontkennen. Dat betekent echter niet dat je je moet laten leiden door de wijze waarop je ego die interpreteert. De angst van je ego erkennen is iets heel anders dan erin geloven. Blijf dus je hele leven onthouden dat het primaire doel van je angst aanpakken is om er vriendelijk getuige van te zijn. Je hebt er een begin mee gemaakt om de regels van je ego te leren negeren en in plaats daarvan voor de liefde te kiezen. Blijf je best doen om je niet te laten leiden door de interpretaties van je ego.

Kijk niet naar buiten maar naar binnen

Als je je spirituele beoefening verdiept hang je je geluk of verdriet niet langer op aan uiterlijke omstandigheden. Als je een wonderdoener wordt geeft dat bevrediging, inspiratie en welbehagen door je spirituele verbinding met je *~ing*. Door op die manier te leven, kijk je niet meer naar de buitenwereld als je bron van geluk. En bovendien hebben uiterlijke omstandigheden waardoor je vroeger van je stuk werd gebracht je niet meer zo in de greep. Het geeft je een opgelucht gevoel om te weten dat je uiterlijke ervaring je innerlijke ervaring niet bepaalt. Als loyale wonderdoener onderschrijf je de grondwet van je ego niet meer en je geluk hangt niet langer af van iets buiten jezelf.

Ontken het wereldbeeld van je ego

Als je juiste denken van start gaat, maak je je los van de manier waarop je ego naar de wereld kijkt. Je bent nog wel getuige van je ego in actie, maar je weet dat zijn onjuiste percepties niet jouw waarheid zijn. Je wordt niet meer geprikkeld door de projecties van je ego, maar kijkt er vriendelijk naar en roept onbewust en intuïtief een andere gedachte op. Top toch, om dat nieuwe gedrag van je te zien!

Let erop dat je je beoefening niet verbijzondert

Als je met spirituele beoefening begint, kun je de neiging krijgen je speciaal te voelen omdat je voor de liefde kiest. Door jezelf bijzonder te maken creëer je meer afgescheidenheid van anderen. Let erop op welke manier je je spirituele beoefening verbijzondert.

Leer de blije lessen van vergeving

Elk moment van je leven en elke gedachte die je hebt, bieden je een mogelijkheid tot vergeving. Doe, terwijl je groeit in je spirituele beoefening, bewust een beroep op vergeving in alle situaties. Vergeving bevrijdt. Het grootste geschenk op je pad is accepteren dat de wereld een klas is waar je de blije lessen van de vergeving leert. Door simpelweg elke ontmoeting te accepteren als een opdracht, word je bevrijd van het verhaal van je ego. De cursus leert: 'Volmaakte liefde sluit angst uit. Is er angst dan is er geen volmaakte liefde.' Neem dit met je mee in alle situaties. Voel je angst opkomen, stel jezelf dan de vraag: 'Waar is de liefde?' Doe daarna aan vergeving.

Ik hoop dat deze vriendelijke geheugensteuntjes een gids voor je zullen zijn om nog meer op je ego te letten als je je spirituele beoefening vanuit je geloof in wonderen verdiept. Als mensen zich openstellen voor spirituele beoefening, komt het vaak voor dat hun ego hun angst aanjaagt. Dat is een volkomen normale reactie, want die gedachten zijn ook beangstigend. Als je dat bij jezelf bespeurt, fris dan je basiskennis even op. Onthoud dat het ego, volgens de cursus, op zijn best gemeen en op zijn ergst achterdochtig is. Door te aanvaarden dat de trucs van het ego deel uitmaken van het helingsproces sus je je angst. Laat je niet gek maken door alles waar je getuige van bent. Gebruik de dagelijkse kuren van je ego gewoon als nieuwe kansen om je over te geven aan je *~ing*.

Wees trots op je toewijding als wonderdoener

Er gebeurt echt iets geweldigs als je je inzet voor spirituele beoefening: er vindt een innerlijke verschuiving plaats doordat je je spirituele roeping aanvaardt. Misschien zie je grote uiterlijke verschuivingen eerst niet, maar dan zul je toch vanbinnen een gevoel van opluchting ervaren. Die opluchting is gebaseerd op het feit dat je definitief voor de weg van de vrede hebt gekozen. Je toewijding aan de liefde is het grootste geschenk dat je jezelf en de wereld ooit zult geven. De simpele keuze om een leven vol wonderen te leiden is een krachtige stap naar een volkomen nieuwe manier van leven. Wees trots op je toewijding en je bereidheid om te veranderen.

Neem die toewijding met je mee als je verdergaat met je leven. Het enige wat je nodig hebt is de bereidheid om voor de liefde te kiezen. De kosmos zal je laten zien wat je moet doen. Stel je hart en geest open om de leiding van je *~ing* te ontvangen en vertrouw er altijd op dat de kosmos je steunt. Want hoe lastig de situatie ook is, er is altijd een spirituele oplossing. Onthoud dat je niet naar de oplossing hoeft te zoeken; jij hebt het antwoord al in je en je innerlijke leraar zal je altijd de weg wijzen.

Blijf vol vertrouwen, blijf bereid en ontvankelijk voor de liefde. Geniet van je reis door een leven vol wonderen.

Geen cursus die tot doel heeft jou te leren je te herinneren wat jij werkelijk bent, kan nalaten te benadrukken dat er nooit een verschil kan zijn tussen wat jij werkelijk bent en wat liefde is.
– Een cursus in wonderen

Woord van dank

Allereerst wil ik jou bedanken, lezer. Bedankt voor je bereidheid om te veranderen, je openheid om een nieuw perspectief te zien en je intentie om meer te weten te komen. Je verlangen om je perspectief te veranderen en een wonderbaarlijke verandering te ondergaan inspireren me elke dag opnieuw. Dank je wel.

Graag wil ik het team bedanken dat eraan heeft gewerkt om dit boek tot stand te brengen. Ik heb respect voor jullie. Mijn agent Michele Martin. Jij bent een engel die me begeleidt op mijn literaire pad. En mijn redacteur Gary Jansen en het team bij Crown voor jullie steun en vertrouwen in *Verwacht wonderen*. Mijn pr-team bij Sarah Hall PR omdat jullie deze boodschap op een creatieve manier met de wereld delen. En ten slotte mijn bureauredacteur Katie Karlson voor haar steun en liefde voor het werk. Elk woord in dit boek is gezegend door jou. Ik ben je dankbaar.

Over de auteur

Gabrielle Bernstein is de bestsellerauteur van *Leven vol overgave* en *Eindeloos geluk* en de geluksgoeroe voor spiritueel zoekenden over de hele wereld. Als leider in de nieuwe spirituele beweging bereikt Bernstein tienduizenden mensen via haar wereldwijde lezingencircuit, haar workshops, haar grote aanhang in de sociale media en als oprichter van HerFuture.com, een netwerksite die vrouwen helpt mentoren te vinden. Ga voor haar videoblogs naar www.gabbyb.tv.